前田育徳会尊経閣文庫編

尊経閣善本影印集成 43

三宝感応要略録

八木書店

三寶感應要略録巻上
蓋三寶感應要略録者重像感應以為寶尊經感應
以為法寶菩薩感應以為僧寶良是當世末代目足之斷
悪修善之規模之文信為道原功德之聚行為路要解脱之
基道達三千勸勵後信之被百億開示險路今畧斯記
類其肝要粗叙奇瑞此縁之若遥將来无橋併簡以三乘分
為三巻之令其易見矣
佛寶聚巻上

文殊師利菩薩得名感應第一　出清涼傳上文

文殊師利舊云妙德新云妙吉祥立名有二初就世俗曰瑞歎名典并有大慈悲生舍衛国多羅聚落梵德婆羅門家其生之時家內屋宅化如蓮花從母右脇而生身紫金色隨地能語如天童子有七寶盖隨覆其上具有十種吉祥感應事故名妙吉祥一天降甘露二地涌伏藏三倉変金粟四庭生金蓮五光明滿室六鷄生鸞鳳七馬產麒麟八牛生白㹀九猪誕龍豚十牙象

例言

一、『尊経閣善本影印集成』は、加賀・前田家に伝来した蔵書中、善本を選んで影印出版し、広く学術調査・研究に資せんとするものである。

一、本集成第六輯は、古代説話として、『日本霊異記』『三宝絵』『日本往生極楽記』『新猿楽記』『三宝感応要略録』『江談抄』『中外抄』の七部を収載する。

一、本冊は、本集成第六輯の第五冊として、寿永三年（一一八四）書写の『三宝感応要略録』（上・中・下三巻、三冊）を収め、墨・朱二版に色分解して製版、印刷した。その原本は、遊紙を除き、墨付で第一丁、第二丁と数え、各丁のオモテ、ウラをそれぞれ本冊の一頁に収め、図版下欄の左端または右端に（1オ）（1ウ）のごとく丁付けした。

一、書名は、表紙、包紙に「三宝感応録」、上巻の奥書に「三宝感応要略録」とあるが、本集成では、最も広く通行している「三宝感応要略録」の称を用いた。

一、目次及び柱は、上・中・下巻の表紙に記載される三聚（仏宝聚・法宝聚・僧宝聚）と原本巻頭の目録にある説話の細目の序数（第一・第二など）を勘案して作成した。

一、原本上巻及び中巻にある錯簡については、目次では順序を復元し、細目等の上に「＊」を付して当該頁を記載した。本文の掲載順序は原本現状のままとし、当該丁のオモテの右上に〔六八頁（31ウ）ヨリ続ク〕などと前の参照頁を、ウラの左下には〔六九頁（32オ）へ続ク〕などと後の参照頁を記載した。

一、包紙二枚の朱墨のある部分を参考図版として附載した。

一、冊尾に、本書の解説として、田島公東京大学教授執筆の「尊経閣文庫所蔵『三宝感応要略録』解説」を掲載した。

平成二十年六月

前田育徳会尊経閣文庫

目次

（錯簡箇所は説話の順序を復して＊を付した）

巻上

仏宝聚

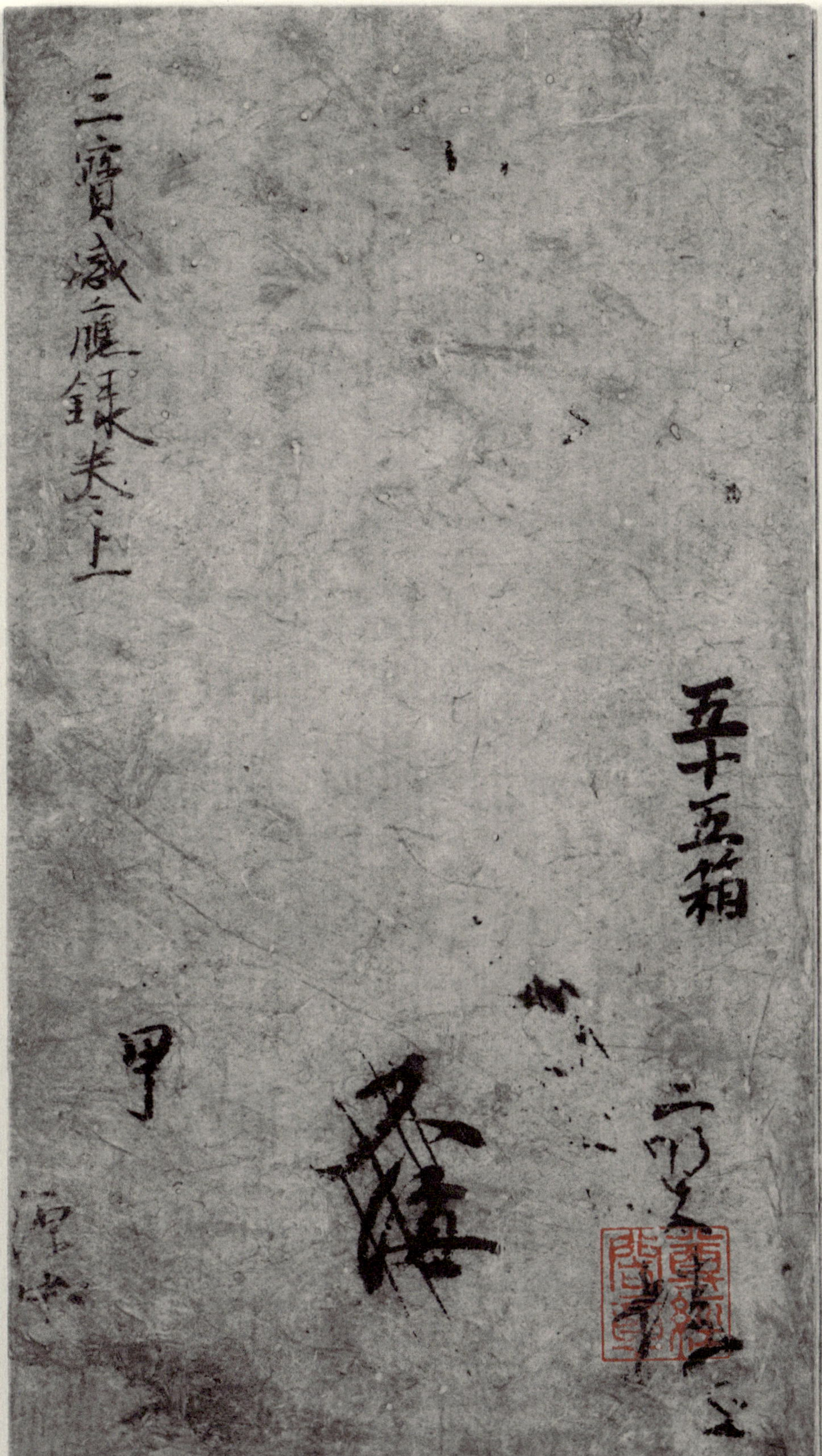

巻上　仏宝聚　表紙

巻上　仏宝聚　表紙見返

三寶感應要略録巻上
蓋三寶感應要略録者垂像感應以為佛寶尊經感應
以為法寶菩薩感應以為僧寶是遍世末代易斷
悪修善之文信之道原功德之聚行為路要解脱之
菩提道達三千勧勵後信者被百億聞示縁路今當來記
須其肝要粗叙奇瑞此縁三證將来无橋所問以三聚分
為三巻今其易見矣
佛寶聚上

（1オ）

優填王波斯匿王栴檀金木像感應第一
歎膩太王人造畫像感應第二
漢土最初人造金像感應第三
梁祖武帝造請人造諸像感應第四
瀫觀寺僧法度畢造人造像感應第五
唐隴西李大安為安造人造像救死感應第六
悟真寺人惠鏡造人造弥陀像見人神去相感應第七
健䭾羅國三人各一金錢共畫一像感應第八

（２オ）

阿彌陀佛化作鸚鵡引接安息國感應七
阿彌陀佛作大寶身引接捕魚人感應十八
信婦言稱阿彌陀佛名感應第十九
十念往生感應廿
又集舞人面造阿彌佛像感應廿一
天竺婆門造尊師像得子五十年壽感應廿二
昔一貴姓祈請尊師畫像得富貴感應廿三
舎人以六文錢供養尊師像得富貴感應廿四

破国者拾薗一所名式還得浄感應廿五
憂塡均造尊師救像免非感應廿六
尊師如来救難産苦感應第廿七
温州司馬家室親属一日之中造薬師像去脳廿八
造毗盧那佛像赫障難感應第廿九
聖无動尊自様无價駄婆感應卅
人々所立西馬千佛像感應卅一
胎藏界曼荼羅相傳感應第卅二

（3オ）

金剛界曼陀羅傳弘感應廿三
唐金剛界灌頂道場祈雨帝信感應廿四
礼拜金剛界大曼荼羅圖感應廿五
会胎藏大曼荼羅諸尊像感應廿六
漢明帝待佛舍利感應廿七
呉王園寺執得舍利浮光於鉢上感應廿八
康阿得造塔放還感應廿九
孟及未就臨刑刀断感應第卅

〻廟神為伯世高起塔離蟒身感応卅一
昔須達長者量度精舎地感応卅二
滅後達之精舎地感応卅三
沙弥技於精舎為塔坐本造寺感応卅四
掃精途途生天感応卅五
昔於父母故宅地造精舎感応第卅六
宋〻雄大王蘊国寺敬天祠感応第卅七
昔見児以木葉戯作寺造寺感応第卅八

（4オ）

此字禰寺壁孔延壽感應十九
有金剛國王陥古寺延壽感應五十

（4ウ）

優塡一波斯匿王摸造金木像國〻應並
出阿含觀佛造像經歷記律及西國傳語諸寺
又近年正覺成道後八年思報母摩耶恩従祇洹寺起
往忉利天於〻一日法堂中金石之上結加趺坐〻時摩耶出
兩道乳洄世尊頂二不親等緣佛為說法是時人間最云
見如來渴仰夏聽如喪父母如箭入心共往世尊常所住
處國　返宇悉空無佛倍加悲戀不能自止問阿難言
今何竟見為所在阿難報曰我亦不知二王思都如來

（5オ）

優塡王之尓時優塡勅曰召内諸寺巧師匠而告之曰
我今欲作佛像巧匠白王言我未不能作佛妙相假使毗
首羯磨天而有所作亦不能得似如来我若三人令也恐
可塡模擬螺髻玉毫廿人令之相諸全相好之所然也
難及誰能作耶世尊未會之時所造形似若有虧誤
我等名稱並将退失而福若等量之能敢作復白王言今
造像應用純紫栴檀之木文理精密堅密之者通其
朕用差至為三寸高下若何王以此語問之首臣白王言

作生ヲ一切諸佛法大乗経ニ法攝現ス神変作ス
摩背恚生故應作生所ニ存信加ヘテ像告曰首龍
優受身及近侍諸刹罣到於城門白王言我今欲為大
王造像王心ニ大喜与主臣於内蔵中ニ尋ニ香木有可
扇将与天近所謂ミ言仁為造像今与如来形同時ミ
目連請ミ佛神力仁令圖相還退擧斧破木其聲上徹
权　至佛ノ會所ニ以佛力聲所及處衆生聞者罪悉消
有　盲者得眼聾者ハ聞瘂者モ言跛者ハ歩ミ貧

（6オ）

有福乃至三塗離苦ヲ得一切未曾有ヲ皆悉覩
既見時天逆不日而咸言高七尺或云五尺樣見人不同而
及年之皆紫金色王見相好心生淨信得歡喜
障煩惱並得消除唯除男於聖人起惡語業也
波斯匿王復亡国中爲造佛像而其與人念以未敬背
莫如天金ヲ以紫金而作高五尺余時閻浮之内始有
此二如來像余時如來遊ヲ夏從九十日已告四衆下無却後
七日當下至閻浮提僧伽尸國大池水側侍天帝告白

作階取頂至池水作三級以金銀水精或持地或迎
天作〻是時如来踏金道下時五王往詣佛所〻謂
斯國波斯匿王拔蹉國優填王五都人民之主悪生王
南海主優陀延王摩竭陀國瓶沙王頭面礼足合掌圍遶
主頂戴佛像奇諸上服珍異之至佛而奉獻時〻當
從座而起如生佛之歩虚空之下雨花放光明其人世
手合ヲ子為佛作礼ス似於佛而說偈言佛在忉利〻
　說法時大王造像坂十迎聞喜　上昔卅三天衆聞言

善来末世尊像恭敬无量諸福尓時世尊ニ像長跪
合掌ス像在虚空中百千化佛亦皆合掌其像形低頭世
尊親為摩頂授記曰吾涅槃後一千年別當於此互為
天作大饒益我諸弟子以付属汝若有衆生於佛ニ
像播花焼香持用供養食且人来世必得見優填王白世
尊言ニ佛滅度造ニ像者猶在不佛ニ我以佛眼普観
方ニ佛滅度造像者皆ニ十万佛前元有一ニ八像ニ
之先過ニ三世ニ像者以留在ケ汝王昇ニ是ニ今時木像

一佛言世尊前進一丈精舎世尊言一語佛像言心々不
復説我像將盡入滅之久止在世間久利衆生我所
入若在後者人生輕慢弄三往復其像前進却還本位
於是世尊自移本處退步像合之内与像異處相看廿
爰優填王觀之此不能自勝於時五王詣世尊白言當之
御詳之神寺人惜世尊申右手從地中出迦葉佛寺
言曰欲作神寺以此爲法時五王見所破處起之
二十
律
無量其像而去敬依大王

（8オ）

優塡大王ノ人迎像感ニ應ス　上　出毗耶律文
佛在祇園時贍部洲ニ有二大城一ヲ名花子二ヲ名勝
此ノ二城ニ未有聖ノ盛ナル時勝音城人民富盛ナリ王ヲ名ハ仙道
法治國元怨ノ病苦五穀成就ス人名月光太子ヲ名長
須髮有二大臣一名利益　一名除患時王ニ〻名影勝夫
人名勝身太子名未生怨大臣名行雨尒時仙道大王
朝集大會告衆人曰隣有全國ニ王與与我隣ナリ
不待石澤ロ　俺國留易ノ人曰王於ヒテ方ニ有王全

城其國与王此相似道明此不歎勝王受念心同大
臣曰波國何所乏答彼國无寶貝王ニ人ノ妙寶座
篤弃以勅書遣使送与歎勝王々質云弃刑國往大歡
喜曰彼國何乏之少諸人令答仙一无好疊時王即以國所出大
疊盛箱篤難知上事報仙道人王弃致書信副疊仙
道臣見疊喜同仮着王之形状如何報曰其形長大人仙
外王問何雜猛躬為征戰王即依軍遣五萬十千合征
大衆一國契之時着便令ト令二万祈不入三萬不六月四遅

（9オ）

試□　五者能放光明王〻甲遣載勅書遣使者持〻
令是以云王覽之書覩甲之生心又希有高量准直金錢十
億価生優念我國者比如何謝耶時行雨大臣是云無
憂及色問由王具答大臣曰彼國王准寶一領寶甲王之
國内有佛是人中妙寶〻　万元与等者王曰誠有此事
如之何大臣曰可於疊上畫世尊像遣使馳之王曰善
佘白佛時以事白佛〻言善哉妙言曰可畫之
之与彼王甚畫像法先畫像於其像下書三歸

言五趣事更即五趣之次上書十二縁生流轉還滅之像
書二頌〻曰汝當求出離於佛教勤精修降伏生死軍
如象摧草舍於此法律中常修不放逸能竭煩惱流
當盡苦邊（文字脱）畫像授使應報曰汝持畫像至本國持
可於廣博之處懸繒幡蓋香花布列盛設〻莊嚴〻寄
其像若有問〻此是何物應彼言〻此是世尊形像生死輪
但載二賛名字歳次兼可參之時影勝王教云至一
[illegible]之像畫其事收金鋼為作勅書報仙道王佛道

（10オ）

得之已開讀念怒告大臣曰未知彼國有何奇異勝
妙仍物可兩驛辛苦治道路莊錺城隍花蓋幢
幡集諸人衆遣我自領兵遠出迎接仙道無有世我
況意欲相輕卿等宜應集兵我自親往伐摩竭
陀國大臣奏曰曾聞彼王大度量不可輕大王今可須
其言王如對書陳供到至城邑開畫像臨作而往于
時中國高人共來異口同音唱南无佛陀耶王聞之
迴眸之堅矣莫同其義諸人具答王開其文還宮

佛久思惟乎　大明菩薩一千二歳得初果廣悦說偈曰敬礼
大伊羊善摩於化病世尊雖在遠所以天眼聞　菩
韓影勝曰我頼仁恩見有諦汝見善蓋今來至此影勝
諸書曰佛々觀知迹多憐那於彼有縁便令遣之受
教將五百菩薩往勝音城時影勝韓仙道因縁語其
得初果欲相見菩薩佛命令五百菩薩遠起祈請仁自
來逆告一大寺菩薩五百言方得福无量仙道讀昔已以
菩首者随様說法或得阿羅漢乃至菩薩趣大乘時宮

比丘ニ請フ尊者不許人々女人中説法有比丘尼為彼可
説法仙道作書報歎勝々々白佛々々過世日等五百比丘尼
教誹為説法時日光夫人命絶生天上来下驚覚大王
悲々作是念我可々三頂髪太子為王而我出家以状告
二大臣々々聞已流涙復令頂髪以状告之太子悲位王鳥
鼓宣令普告国人時有息帝位夕出財寶屋説兄逢
會王將一侍者徒歩而去向王舎城太子國人一々後
逐刑而帰其王漸々至王舎城在一園中告歎勝園々

依治道路私曰只至仙道主所無想處第一為入滅門
忠来答於世尊所決太子出家苦行者佛三菩不驗
驗自落如百歳老蓋歓騰礼佛而出仙道老蓋依流所
住　取意存要出之耳
〻漢土最初之佛像感應　第三　南斉王琰冥祥記文
漢明帝夢見神人形長二丈身黄金色項佩日光以問
群臣或對曰西方有神其号曰佛形如陛下所夢於是
遣蔡愔天竺寫致經像表之中夏自天子王侯咸敬事之聞

人又稱神不滅莫不懼然自失初使者蔡愔將西域沙
門迦葉摩騰等賫優填王畫尺迦佛像帝重之如夢所
見乃遣畫工圖之數本於南宮清涼臺及高陽門顯
節壽陵上供養又於白馬寺壁畫千乘万騎遶塔三帀
之像如諸傳備載矣
梁祖武帝遣請人迎像感應第五　同
梁祖武帝以天監元年正月八日夢檀像入國因發詔
募往迎奉佛遊天竺記及雙卷優填王經云佛上忉

（12ウ）

刹天一夏為母説法王臣思見于塡國王造三十二匠及
齎栴檀請大目連神力運往令圖佛相既如所着回坐了
還返座五尺在祇洹寺至今供養三帝并迠請此像時
法勝將運載寫文花等八千人應募往達具状祈請
舍衛王曰此中天上像不可緣遣乃令卅二匠更刻栴檀
人圖一相爾時運手至午便就相好具足而像頂放光
降微細雨并有異香故優塡王經云真身既隱次二像
現普為衆生深作利益者是也騫篤等貴第二像行數

（13オ）

萬里備歷艱阻難以具陳又渡大海冒渉風波隨彼至
山粮食又盡所將人衆及傳送者身多宕殘逢諸猛獸
一切念乃聞像後有甲冑聲又聞鍾聲巖側有僧端
坐樹下簒等負像下至其前僧起礼像簒等礼僧々
授澡灌令飲並得飽滿僧曰此像名三藐三佛陀金毗
羅王自從至彼大作佛事語須臾告之今夜並夢見神
暁共圖之至天監十年四月五日簒等達于楊都帝
与百僚徒行四十里迎還大極殿建齋度人大赦敍位

是乃ヲ請壽並作蓮花塔頂常由此疏食斷欲至天
清三年五月崩開東未在江陵寺從乃元来坐道入從
楊廷上至荊都来乃殿供養後梁大定八年乃於城北龍
陵造大明寺乃以像歸之今現在多有傳寫流
嵩觀寺僧法慶未畢造丈六像死從閻羅王宮被還感應　第五
嵩觀寺僧法慶開皇三年造夫佇丈六之像一軀未高
一丈六尺像功未畢法慶身遂卒其日又有寶昌寺僧大

智死經三日而便蘇活遂向寺僧説云於閻羅王所見僧
法慶甚有憂色少時之間又見像來王所王遂之下階
合掌礼拜此像々謂法慶造我今仍未畢奈何令死王白
像同一人曰法慶合死未答曰今未合終而食料已盡王
曰可給荷葉令終其福業已俄而不見大鉑蘇活為寺僧
説之乃令於藪覆寺看之々須臾之間遂法慶蘇活所説
与大鉑不殊慶法蘇後常食荷葉以為佳味及欲全
食終不得下像成之後數年乃卒其像儀相圓滿慶

〔三七頁（16オ）へ続ク〕

〔六八頁（31ウ）ヨリ続ク〕

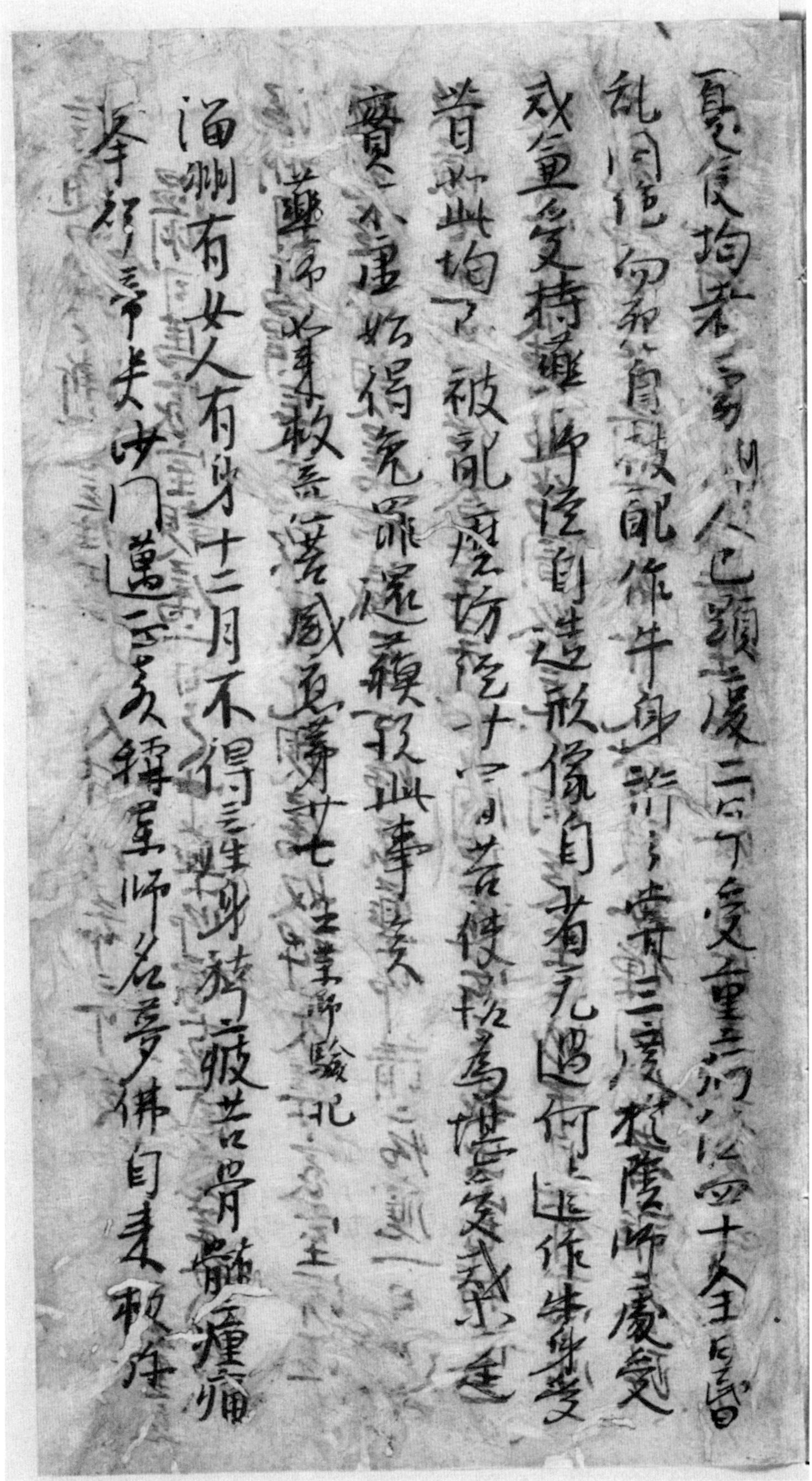

（15オ）

信随喜若暫モ三座畢ハ人皆帰依ス

温州司馬家室親属一日之中薬師像七軀図写

温州司馬得長病致衰死親属奴婢失為家室済

所写一百親属一心識至心帰依薬師請之供養一日迄

放像七軀各伴従春至弟一百日内絶還活云我出宅時逢

人冥官被縛追出冒路元人相従至一城中見有高座

王彼神並坐前有数千人皆被枷樺同使者誰家陵

亡手也将治法衆時王召問海有作善不答曰我未了

〔六九頁（32オ）へ続ク〕

〔三四頁（14ウ）ヨリ続ク〕

放光明興寺雑之像其像現在
唐隴西李大安妻為安造仏像救死感應縁第一　出冥報記
唐隴西李大安工部尚書大亮之兄也武徳中大亮任越
州惣官大安自京往省之大亮遣奴婢數人從兄歸至
谷州鹿橋宿於逆旅其奴有謀殺大安者伺其眠熟
夜已過半奴以小釼刺大安頸調之刃着其牀奴因不拔
而逃大安驚覺呼奴其不叛者奴婢欲拔刀大安曰拔
刀便死可先取紙筆作書畢縣官亦至因為拔刀

（16オ）

洗浴　加尊大安遂絶忽如夢者見一切物長丈余闊厚
曰五十寸鼓似猪宍地二尺許侵入来至床前其汁
有語曰忽還逐我猪宍大安曰我不食猪宍何故負汝
即間戸外有言曰錯非也此物即還從戸出大安仍是
庭前有池水清涼可度池西岸上有金像可高五
寸須臾漸大而化成為僧被袈裟甚新淨大安曰
被傷我今為汝將痛去汝當手復還家念供喜
已因汝　家大安頸燒而生大安得其形狀見僧皆

月江僧□衣裳可方寸許甚分明弱而女覺之
穢而猶然復不備能起坐食十數日京宅子息達
至家々人親故来視大安為説被傷由状及見像事
有一婢在傍聞説曰言大安之家物行也安妻使婢
説像工為造佛像成々條畫衣有一點朱近像背
也當今工生之不肖今仍在形状如君所説大安國
同与妻及家人共起観像乃同所見無異皆點寃歎
衛守以於是歎異信知聖教不虚遂加崇信佛法矣

郭人敬養等不久自佛法東流已来霊像感應者
述不能盡无以冊像矣
悟真寺人恵鏡造尺迦弥陀像見浄土祠感應第廿七 新録
悟真寺沙門人恵鏡本瑠淵人也出家已後落人也苦行
頗有工巧能心欲浄土自造尺迦弥陀二像供養禮拜生
年六十有七正月十五日夜夢有一沙門面黄金色謂
鏡曰爾欲見浄土不答唯願得見復欲見佛不答唯
願欲見時沙門以一鉢授鏡曰海底見鉢内尋向鉢

川忍目人會傳莊嚴淨佛土次以三寶莊嚴黃金為地人唯
縄ワカ道宮殿樓閣重々无盡諸天童子遊其中
聲聞羅漢會坐圍繞世尊而為説法今時汝門在前
鏡在後漸進佛前至佛所已忽不見汝門鏡今掌
[illegible]佛言汝識所導汝門不答不知之佛言此所送人
之像也又復識我不答不識復曰汝所照之阿弥陀像
是也人廻如父我如母女世界衆生如赤子譬如父母
有子幼稚无識随於深淵父入深淵抱持其子量

紛音、摩耶自母在岸抱持養育教誘不還本返我
等並今又迎教化汝安置悪愚衆生為開避前道
具浄土路向在浄土接取不退還鏡聞是語歓
喜踊躍歓見如来忽然无所見夢覚身心安楽如入
禅定深信礼拝二如来像又復夢見前沙門告鏡
海十二年後當生浄土聞是語已書之後不過七十有
九而坐禅房値夢百千聖衆自西来迎鏡去歳
次壬午六月五日一時聞香蓋西人之又

（18ウ）

健陁羅国二貧人各一金銭以畫一像感應第八　出西域記

健陁羅国有畫佛像高一丈六尺自胸已上分現兩身
従胸已下合為一躰聞之耆舊曰初有貧士傭力自濟
得一金銭願造佛像詣畫士曰我今欲圖如来妙相有一
金銭酬功尚少宿心憂貧迫於貧乏時彼畫士鑒其
至誠无云價直許為成功復有一人事同前迹持一金
錢求畫士是時畫士受二人錢求妙丹青共畫一像二人同
日俱來禮敬畫士乃指一像示彼二人而謂之曰此是所作

之事像也二人相視若有所懐盡王心知其疑也謂二人
曰何思慮之久乎九所受物直也難望不虧斯言不謬像
之神變之聲未静像現霊異方交歎甚相恐君二人
既眼心信歡喜

唐巒州漢陽縣盧安寿郎勘他人造八延像免苦感應第九　出冥報記

唐巒州漢陽縣安寿姓盧代家族以致生為業寿所致
生不知幾千万億又復不識從功德植之欲善者五歳生
年三十七遇得病落馬同絶頓氣未盡經半日方蘇起從

又身於大熾悔過於浄天云語令可見良久
而白言劫同絶之時二人馬頭牛頭以杖率來投令身
種人燒身苦痛無量時有一人年少威儀以水灑身
此沙弓拔進丈身心苦息至于閻魔法王所見沙門
往階之下合掌恭敬白言何故来生僧曰此罪大是哉
並越致乞暫令王曰悪人也不可放還但大師故来寺
陪之僧將我還良心懐鼓擁助我不審誰息因僧
答曰汝不識不汝先安道蔵心造尸返須汝依因縁捉鉢

（20オ）

卅六方彼造像既擬以錢々人造我像是故来救汝負深
眼以爲驗言已不見以是因緣女悔過悲責逕過一遍
緣見像全同所見被眼感悟自造像云々
北印度僧伽補羅國沙門達々流支感天造像發菩薩年（出感通歷）
沙門常慇歎大聖顛遠詣西方礼如来所行遺迹至北印
僧伽補羅國有一石塔高二十余丈傍有新精舍刻檀尺
迹弥勒靈像若至心祈請現示妙身吉凶問導始於
菩薩々数千等々剎有一比丘梵名達々流支唐言法愛

仕一伍冬則無發願欲造慈氏并像時有外國沙門授語
法愛云々讃歎佛徳大義愛聞歡喜年述典会愛曰三藐
生兜率發願將造慈氏像沙門曰若欲生兜率應造
尺迦像并慈代是尺迦弟子三會得脱之人尺迦遺法弟子
尺所及應造二像若力不及先造尺迦所以者何今無三界大
小星之義有尺迦有自投之信我一人能為救護之者不
可見分耶愛受尺迦入滅无末末代量勸當生堅觀殷
於賊此受至曉漏愛頓眠覺之悲泣徒足卜立時大地外國沙

（21オ）

ナク門中細ク云ヽ音声多身人合ヽ長丈ナル身ヲ以西大語而去
之曰汝是我弟子ヽ蒙我調伏者ヽ深禅不滅実常住不
滅今此三千皆是我有其中衆生用不知三界ヽ尊本衆縁
地及虚空衆生所食穀麦等皆是我身分ヽ而度養ヽ
方諸仏是所助我化以作軽慢不清進像汝之来進我ヽ像進
不弃生死卒天上既軽其聖時荘厳撥ヽ勤示不可信十方
浄土ヽ仏所助我皇敬我軽我撥其眼隠而不見今時経国
欲門亦見所去而損不見法ヽ義ヽ亘及波捨亦辞路又時進幽ヽ

凡精舎之國人民共所[illegible]傳仍号曰新精舎所九
云々
鶏頭摩寺五通菩薩請阿弥陀仏画写感應第十一 出感通録并西域
相傳昔天竺鶏頭摩寺五通菩薩往安楽世界請阿弥陀仏娑
婆衆生願生浄土无仏形像願力莫由請垂降許仏言
汝且前去尋當現彼及菩薩還其像已至一仏五十菩薩各
坐蓮花在樹葉上菩薩取葉所在圖写流布遠近云々
隋安楽寺尺恵海圖写无量寿像感應第十二 出高僧傳

隋京都安楽寺々人恵海俗姓張代清河武城人已善閑経論
一以浄土為業専精致感忽有斉洲僧道銓賫無量寿
像来云是天竺鶏頭摩寺五通菩薩乗空往彼安楽世界図
寫儀容既冥会素情深懐礼懺乃神克搆摹度所帝
幸於是模寫菲若願生彼土没歯為念至夜忽起遶堂
面西礼竟跏趺至暁方遊顔色怡悦儼然神在春秋六
十有九矣

隋開僧道喩三寸阿弥陀像感応第十三　出瑞應傳

前州僧道喩於開覚寺念阿弥陀仏造栴檀像長三寸
後道喩忽死経七日却蘇々初見一賢者往生至宝池
辺賢者先遶花三匝遶花便開敷遂入而坐喩遶花三匝花
不為開以手攀花々随萎落阿弥陀仏告言汝且還去
宜懺悔除罪香湯沐浴明日早出時我来迎汝々迎我
何太小喩曰心大即大心小即小言已像遍於虚空即像
舎湯沐浴一心懺悔白衆人曰為喩念仏明日早入寂
并州張元寿為亡親造阿弥陀像感應第十四　出并州記

（23オ）

張[illegible]寺开淵人雖有善心其家〻殺字為業孃親已没
於斯殺廿業從令阿弥陀佛發心為救孃親造阿弥陀
佛三尺之像安置宝室香花燈明供養礼拜其夜夢
空中有光〻中宝蓮臺上二十餘人於中二人近於居人
半无壽〻命問誰〻答吾是汝父母雖解念佛三昧好酒
肉食殺〻鳥寺多故墮叫喚地獄雖墮地獄以念佛力
熱鐵〻柱銅如淳水昨日沙門身長三尺來入於口同聲云
人間此門頂皆出獄地方生淨土時就以是因緣來告

(23ウ)

空中人告曰地獄中同名也說此事已指西方而去
次一所蒙語僧皆謂所造像得生地獄中救苦矣
人道如為救三途衆生造阿弥陀像感應第十五　同記
人道如并州晉陽人也乃是道淳法師懸孫弟子也心念慈
仁悲四生苦雜行淳善先欲度他發願為救三途衆生之人
[illegible]造阿弥陀丈六金像貪道之力三年之內成精勤供養
后於像前夢一人宣云宣將金紙淳書曰此是何人也
陰書師頭得書之如即同見云法師為救三途之受苦衆生

造釈迦像其像入地獄変化而出宛如生仏放光照下
利益不思議地獄衆生罪上徹軽〻人皆離苦得子夢生
尊其
志磨曰像自放光但十人之六得見或人菩薩道或現金色身
入地獄中救済或為餓鬼救済〻〻如此感応甚多定知所致
不虚矣
宋沙門僧亮造丈六无量寿像感応第十六　出梁高僧傳六律林中　取之又出之
宋江陵長沙寺沙門釈僧亮石経時烈恩期西方願造丈六

尤畏壽像功用既經積年不斗同相州銅錢之廟甚饒
銅々故化導鬼神取死成舟遂州刺吏張勃造以
事淳請般鼓艘狀士百人張曰此廟之驗祀之輒驚且
璧人令守護況此殿果高曰福与君共死則身爲張所会
人船來至一宿神之預知風震雲冥鳥獸鳴呼鐵而
船到霧散歇旦明來至廟屋二十餘步有四銅鏡後冬鼓
而解見一大地長十余丈従舘騰出巨身斷首道之自
人並首退散高乃懇勝与進振錫告蛇曰汝前世衆年故

云人等身不同云云何由自校若云云 延文云元量壽像 行
此鏡銕銅遠来相循章可用路彼我得之削地乃挙顕 向
寛剤身而立最躬辛人徳捷取銅為准抹頭無壽尋
容四外螻蟻長二尺有金跳躍出入遂是不取之廟為音吳
小不收一年勝小之所満而還守之廟之人良窒首莫敢摧
旅高還都鑄像以宋元嘉九年筆而神表瑞感
之侍囉造像室君辞傳云云
河府范偉作鵜鶘鳥刻起安自国感応第十七　出弘明

安息國人不識佛法。居邊地鄙。賢愚無知。時有鸚鵡鳥。
其色黄金青白文飾。能作人語。王臣人民共愛。身肥柔。
力弱。有人問曰、汝以何物為食。曰、我聞阿彌陀佛唱以為食。
身肥力強。若欲養我者、可唱佛名。競唱。鳥漸肥騰空
中、還住地。鳥曰、汝等欲見豊饒土不。答、欲見之。鳥言、
欲見者、當乘我羽。諸人乘其羽翼、力猶少弱。鳥勸令
念佛。即飛騰虚空中、指西方而去。王臣驚之曰、此鳥是
阿彌陀佛化作鳥身、引接邊鄙。豈非現身往[illegible]

（26オ）

地立精舎号鵄鳴寺毎春日修念仏三昧以甚之本
故息国人少識仏法往生浄土者甚多云々
阿弥陀仏作大鳥身引接補鳥人感応第十八　同記
執師子国西南極目不知幾里有絶嶋縛々右屋舎五
百余戸々捕鳥為食更不聞仏法時数千大鳥海渚審
来一々作人語唱南无阿弥陀仏海人見之不了所由唯唱
言々阿弥陀鳥有人唱阿弥陀鳥漸近岸頻唱致之
受不去肉甚美云々諸人又唱而執取者皆々宛上女

皆得其女身香因之一諸堂之人就嗅臭同唱阿弥陀佛
承取蓮葉物食之一人壽盡命終三月之後兼紫雲放光
明來至海濱人阿弥陀佛身化作彼佛花臨之救其氣絶
大臭身勤進念佛三昧若不信者嗅自見臭骨皆是
蓮花諸人欲尋見之所捨骨皆是蓮花見之感悟斷
欲之念阿弥陀佛所居之人皆生淨土空墓之升矣化也
三國師子覚大阿闍梨漢土神通往到彼鳴傳説之歟
信嫌三寳稱阿弥陀佛名感應第十九　外国六人聖記

（27オ）

昔天竺輸沙国中有一婆羅門愚癡不信三宝其身
婦浄信解念仏定婦毎勧夫曰汝可念无量寿仏
夫更不随此婆羅門多欲愛婦清浄潔着不一厭足
時婦曰夫婦如雙羽汝如何不似我行既不随我心我亡也
随汝衆事不須請時婆羅門曰我是愚癡故不能時汝
行時如何婦曰汝定一時我従念仏定之声撃金鼓時将
唱南无阿弥陀仏入於彼屋方丈諸婆羅門如言而行従
三年後俄立故疲三卒脚下而腰婦数不生年五日前娘

兆逃謂婦云吾死入鑊湯地獄羅刹婆以鐵杖打罪
人打動鑊像時謂以金鼓聲五道人高聲唱南无阿彌
陀佛今時地獄如淳池蓮花斿滿其中獄卒及罪人皆
生淨土羅刹白王々放還吾白海以此奇事傳說人聞
說一偈云〻若人造多罪應墮地獄中纔聞弥陀名猛火
為清淳婆羅門持德而毎投聞之々歡喜之人
十人之往生感應第廿　出淨土記
則有一人不識姓名其人姓三羅險不信因果常以殺獵為業

（28オ）

遇戻者爾見之地獄苦具及所欲求皆至来備今其
人悔曰我平生不信師僧語今自所見果如経説悉皆
中人曰汝等救我々兒等執ミ苦為相救其人告曰汝等
不能救我々今冥途一人就寺請一師来救ゝ良依其言
請得一僧其人見僧也従而言ミ願師逕也冥救弟子僧
執ミ檀越之平生不信三宝今日無終卒救難得ゝ且念
僧令師讀誦佛経也弟子眾人ゝ今終ゝ時有救法不僧答
言観経有文其人忽然踊躍歓喜ミ佛ミ所地獄亦言

即有者佛ト云ス十念ヲ得ツ往生ヲ才子定得付山　即告家
人曰ク持香火来ル家人ヲ取火合香捜其人語曰我今以
時即入地獄在鑊湯中何用香爐可将来火着我手中
遂左手取火右手捻香面西方至心念佛未満十念即
告云ク佛従西来大有従眷放光明授我花座云
畢即死ス此是十念往生也
大集乃恵益造阿閦佛像感應第廿一　出随記
随聞記云ク中有大集恵石山何于感一生胡不退轉得西阿

閦佛像一千躰又造同像一十二躰長三尺之像専心
祈請感應夢感二人僧一人自稱曰是一人自言解之識
阿閦佛本願不答粗知二僧歎喜曰吾哉汝在閻浮世
中歸依阿閦如来於一生中入不退位得生歡喜世之也汝
命臨終語示曰吾今往生歡喜國云々
造藥師形像得五十年壽感應第廿二　出三寶記
昔天竺有婆羅門名曰普光而无子息祈請自在天其婦
有身九月滿足之生男子色白端正示人愛敬將有一尼

乳善占相見人不悦〻此児有凡相未足徳頗業余寿
二年〻父母聞之〻宝直憂悩〻中妻欲刑特有昔親友術沙門
洞達異秘問其因縁其答上事沙門〻〻汝流七仏法造
薬師如来形像如法供養尋以白物香目清浄供養文婆
羅門夜夢見服赤冠冥道乗青馬捧札来語（告）〻汝流〻
仏法造像供養文得子五十年寿後果如所夢云〻
昔有一貧女祈請薬師造像得富貴感応第廿三　同見
昔聞天竺有一貧女其貧乏乞食自活所至城邑郭閑

（30オ）

一人貧女名為乞円門常自哀悲往詣薬師寺寺
中在遠仏像至心悔過断食七日夢従像出妙色身
以柔軟手言汝宿業頗滅不得富饒可掘還父母舊宅
覺悟已到舊宅城廓頽壊唯有梁柱木修苦勤
雨日而往以杖撥地自然伏蔵顕現出尋又母所蓄収之一
年内得富貴出尋依仏力矣

貧人以一文銅銭供養薬師像得富貴感應第二十四　出冥志記

唐邊洲有貧人孤獨自活家内唯有一文銅銭女人思惟

卌錢不可為一生之糧當供佛僧即往僧坊從參弟師
寶儀經七日隣財有人富家其婦頓死更求他女良久不
得隨請受祈請同寺僧衆夢人所感以彼孤女為婦共得
福壽生三男二女人人皆謂佛力矣

破戒者稱藥師名戒還得淨感應第廿五　書儀法師傳

昔有一比丘往遊西域欲請同得戒淳由發心到天竺道
見一人阿羅漢即請問僧尼得戒不得戒阿羅漢云我
是不應聖者知云我問僧尼等戒得不汝在暫任我上座說

辛奉問、弥勒即入定、向天具問僧尼蓋得戒請出五衆辞
勒即取金花云、若過地僧尼頂金花入羅漢手掌不得
首入缺也。既訖得花安手甚、花入掌中高一丈歎損以
此為驗。復問、若受戒已更有犯者、如何還得所失戒耶
答、若聲聞皆犯性戒、現身雖得、若大乗法、此事不難
東方有土名瑠璃、佛名藥師、以本願故、破戒稱名還得
淨戒。比丘聞已、後說此事、聞者信受矣
夏侯均造藥師形像免冥罰縁第廿六　出冥報記

〔三五頁（15オ）へ続く〕

〔三六頁（14ウ）ヨリ続ク〕

着乎死王海、无量劫不可免脱地獄人時有異
光照閻魔之身王知已告汝親属奴婢造之佛像寫經
壽命尽可延人間以是因縁再得甦生云
造毗盧遮那佛像稱浮龍感免苦也
出無遊天竺記
奉毗盧遮那之像無發願尋聖迹遊天竺曰至中後
興崇迹國王城南首道左右有精舍高二十余丈中有毗盧
遮那像靈驗掲焉凡有所求皆得滿足云々相傳此去
新羅已來闐像々起於舊首此國神鬼爲亂人民莚

昔仏有一仏弟子吾名王国王国荒蕪乱以築地
恣鬼神乱起障難須帰大神方法安穏王聡明達堂
神寺之大不如仏陀尽造此毘盧遮那像安置左右精舎石
殿鋳黄金右用白銀高減二十丈日々礼拝供養人々
青衣夜叉童子駆逐鬼神已鬼出国中方无障難矣
聖无動尊使者称无価駄婆威應第卅　出秘密記
昔南天竺王子厭世出家於持正法誦一真言无動明王称歩
瞻野明王其身共為侍者自称无価駄婆

者猶如世人之弟子給仕世尊又肩所撃白巾者是其表
識也（駄婆此云奴婢不用錢買名為元僧肩撃巾以為外之聖也勤算受仏　駄役随逐役之如不用錢買奴相似今自撃巾表元價之辨之云不可濫之）

又含照蔵之佛像感應第卅一　出寺記

唐興善寺又含照之鉄頭蔵四十佛像繞蔵七佛像不知九百九
十三佛威儀手印不歎誠祈請流悔過夢見人九百九十三佛
本尊欲書蔵寫流布傳世之矣

胎蔵曼荼羅相傳感應記第三十二　古録

此盧遮那如来説大悲胎蔵曼荼羅王救護一切衆生令

剛手傳文佛出世經數百年傳付中京度世天竺達摩
掬多々々達傳弘付斛飯王五十二代玄孫尸羅善无畏々々同
之七年從西國將曼荼羅畢来至此国於玄宗皇朝爲
国此翻譯大教五十面大曼荼羅設大壇場諸尊於
天面田不經春其得感者不可單記云々

金剛曼荼羅傳弘感應第卅三　古録

音金剛薩埵親於毗盧遮那佛前受金剛曼荼羅法
義後數云　或傳於龍猛菩薩々々又數百歳之後傳於龍智々々

慎傳持之、就中移(?)為傳金剛智、々々是南天竺摩頼耶
國人、隨遊隨處利生、聞大支那佛法宗盛、遂泛舶東
逝、達于海隅、開元八年中方届京邑、於是廣弘秘教、逢
旱劳奉羅(?)依法作成就、感靈瑞

達金剛(同)薩埵灌頂之壇場、祈雨而得感應云々、出　出金剛智傳

二

金剛智三藏、智上生年卅一、往南天竺、從龍智受五部灌
頂、諸佛秘密之藏、却還中天、其後南天竺三年亢旱、
卉(?)木枯死、其土遣使迎請和上、於自宮中建金剛界灌

（34オ）

道鴻請雨其時甘澤流〻王臣欣慶遂為和上造寺矣
旱経全三載矣
礼拜金剛界大曼荼羅感應第卅五　新録
唐潤州有孤女是〻癡不信一不識因果生年十有七年〻火
而死无人見之六日乃醒流涙搥身悔過自責人異〻而
問目縁女答曰吾見不可思議希有之事為死〻時入逆
鐵火地獄投地獄中獄変為花池火湯如泉水罪人坐
花〻獄卒〻希有心白天蘇王〻捨一夾圭曰丗人坐花

（34ウ）

四分和上ゝ乳受金剛界大曼荼羅灌頂壇場是彼
力耳出離生死人畢深山人間有人此事得悟已此發心多矣
含胎藏大悲曼荼羅感應卅六　新録
傳聞大興善寺傳灌頂阿闍梨惠應有一人沙彌從七
歳隨事和上至十七歳有因縁附舶渡新羅忽遇
惡風頓覆五十餘人没海不知何處漂寄沙灘一人含胎
藏聖衆曰諸海會起大悲心音救船衆空夢見人云寶
聖衆皇敬又光白在岸立一五十餘人不弱渡岡

(35オ)

一度其中二十年人而見之、衆當知救護之不
思議云々
漢明帝時佛舍利來感應第卅七　出漢法内傳等
日、佛於佐之寺中時西域所将舍利之放五色直上方
旋遶之蓋、映蔽日光
呉王園寺孔僧舍利浮光於鉢上感應第卅八　出冥録宣驗記
孫晧時有王忌并上事者、佛法宜滅中間不可、明神晧
治集沙門陳其奇之行、誅穢之事、

師日佛若是聖山堂之右其光靈聖其衣一日内八千僧或
益死或逃于外會乃謂爲顯七日現神以金錢感水盆
遊中食畢而義乃光暉耀忽有圓遊鉢鐘然有起忽
見舍利明照遊空浮於金上照及大衆並看驍懼共稽
首懺悔令向進告曰陛下使猛責之力擊以百鈎
金剛之體終不敢破睹於是謂先輕慢礼拜誠焼香
高唱見誠奪縱慈武夫澡未絶則法輪將轉徹於是隆
誠如杵不必宜損令日天然三宿水絶在畢

瓶視之戰慄向氣祝曰舍利不損光明挺出趣殺
盈器便椎試勸苦啓請一心塔在建康大市北後猶存
瑞光壽寺十九年秋寺刹夜放光明鮮紅發有炎光
使四會下從西流聞又以火燒騰光上明作大蓮花
發信乃立為建初寺所住地名佛地矣
康阿得造塔放還感應第卌九　出冥祥記
康阿得死三日還蘇説初死時兩人扶腋有白馬吏
驅之不知幾里見北向黒門南入見東向黒門西入見

南閻里門　入見有大舎〻問元舎有人曰七眼鬼冠粤
有廿金吏皆言付君西南復三十五吏阿傍使前至府
君〻問何以奉事得曰家起除斎寺捨償養資人府
君曰卿大福徳同都録使前卅人今盡祁見持一表書
大地華之其字皆細四季等卅五年府君大怒曰汝奇
長頓齋學大人命使得白馬吏着枉處四肘一百兩出流湯戸
得汝歸一不得日不來府君曰今寫送卿歸汝使送卿去
狩〻一獄良給〻曰一丈足〻　人從東北出一不知去里見

(37オ)

方數十里ニ有諸城上層　見其未事佛時ニ但ニ母ニ
父母皆著弊衣破壊身躰一切皆以ニ而行見城其中有
此鐵牀上ニ焼ル亦見人十獄合有楚毒欲ムレ不
沸ニ沸ニ沸如此ニ海有刀釼樹枕土ニ銅柱於足使ム
復見七十ノ梁間瓦屋伸圍種梘名福舎諸佛弟子
信中福多者上生天福小者往此舎遂見大殿女人千梁
有一男子一婦人從殿上來下是得事佛之ニ父母
共ニ母ニ與ニ偕人不同得識以不得即不識曰以何以不識

我共渡海偸佛寶金於是人哭而悔之還至府君所尋覚
前二人送歸即見便蘇活者也　出冥驗記
五級未就臨欲刃斷感應第四十
滎陽高荀年已五十為殺人被收鎖項他牢分忍受
死同牢人云努力誦觀世音荀云我罪甚重甘受
死何由可免同禁勸之因始發心誓當捨惡行善專念
觀音不簡造次若得免脫願起五層佛圖捨身作奴
作ミ食衆僧旬月用心[illegible]鏁自解監司驚推語髙荀

（38オ）

若師神㨂海対断亦　凡臨刑之日奉刀下不折
断奏得源究矣
廟神奉銷世高為起塔離蟒身感應若此　出高塔寺記　及験宣記等
沙門安世高者是息国王之太子也遜王存遊化往豫章
至宮亭湖廟入神告世高曰吾昔在外国出家作道人
好行布施不持戒今日在此為宮亭湖周国四千里
並吾所統百姓貢献珍玩无数是我先身檀越之報
然以不持戒悩應生天以瞋式[illegible]堕此神中即死是ち

罔然今得見然欲可言盡並且如向醜形長一尺次於
此捨命識汙湖水當受苦世言之澤之中此身復墮地
獄吾有吾有緒一千人年延在石島中并諸雜物可為我
立塔供養三寶使我過世得生善處除以相託世尊還閣
此語已泣涙運使語神曰何不見形面共言對神白言我
形醜陋見人必驚怖世尊曰但敢示身吾不懼也神從林
後出頭及是大蟒蛇至世尊隷邊淚如雨下不知其
尾長短所在於命入　後世尊於是後取鉢物之

(39オ)

中許別而退宮侶一時抗進路神復出蛇身登山頂之
登去衆人舉手然後乃滅倏忽之間便達豫章即於
彼境以起東寺神即移度山西道今頭尾相去卅余
里今尋陽郡蛇村是世高還郡以廟中余物於石
寺起塔三層世高後夢神来報云吾依師作福已離身矣
昔須達長者圖精舎地感應第卌二　出賢愚経
長者須達共舎利弗往圖精舎須達自手捉縄一頭共
經精舎時舎利弗欣然含笑須達問言尊人何笑答

言汝始在此法地一々次天中宮殿已成則借道眼光見之云天
嚴寶殿同舍利弗言云是六天何處宮殿舍利弗言下三
色慾上二憍逸第四天中少欲知足恒有一生補處菩薩來
其中法詞不絶須達言我正當生第四天中出言已竟
舍宮悉滅唯第四天宮殿湛然云
達立精舍地感應世本廿三　出天請問記及
之經等律
首佛住祇洹精舍時放大光明遍照三千大千世界百億
天地无非明徹猶如見也　于時大衆一切億舍利弗白佛言

上〻於光明中〻之百倍　下黄金地處〻遍滿佛之
明令蔽停住黄金之地還不見人時須達居士從座而
起合掌白佛言世尊何故今日我等大衆見雜染世界中
處〻有黄金地如敷鏤云何世尊光明令蔽停住黄金處
〻不還收之佛言我涅槃後正像末時有信男信女比丘
尼國王長者大臣人民以佛威力於此處〻建立寺塔今
日光明所住黄金地者是也彼諸四部弟子以我白毫
功德分故爾時所得功德与汝無異復次所留白毫

見我雖入滅々之後住不滅当来興隆之時取為堅開舎論
施主曰住實方寸藏漸々堅清生死重々決定不斷五四恩
趣中若當得佛金色寶刹如文殊師利等所有此蓋四部
弟子人小時日用不知人
沙弥以杖加精舎為壁木延壽感應第卌四　當減誰祀
昔罽賓國有精舎僧徒三百余人沙弥二十余人也沙弥
之中最小生年十三上座駈使僧事不遠時有一老乾
不善占相字見人沙弥云汝母余壽僅三年沙弥聞之生

(41オ)

畏経一夏時舎利子身心歓喜不可思議云々甚為希
有汝寿既近五十年有何妙術沙弥云更不能延命法尸
利自上所是三明大阿羅漢入息際定観其国縁従定出
起告舎利子言此沙弥於夏初病傭於荒労精舎修壁畢
一木即持古杖加足之成修壁以是因縁延五十年寿云々
掃佛精舎遊生天感應第卅五　同記
昔如来在世之時有天人来祇洹精舎佛為説四諦法得
法眼浄阿難祈問佛云々言須達左右士造精已遣一人奴令掃

(41ウ)

時逢提婆達多以此善根生忉利天来下聴以傳法照也

昔於父母故宅地造精舎感應第四十六　出此呈集傳

昔尊者夜闍多歸於舊里父母古宅地建立佛精舎夜分有千天子来下供養精舎尊者知而問天子言我是汝父母以悪業故堕地獄汝出家得生天於古宅地建立精舎時自宮殿動揺光明倍勝以見此事故来供養也

室羅代悉底国寺感應第卅七　出西域記

室羅代悉底国有一精舎高六十余尺次東有天祠量等
精舎日旦流光天祠之影不能蔽精舎日将落照精舎之
陰遂覆天祠影云々

昔貪児取木葉戯作寺延寿感應第卅八　出貪児延寿記

昔阿羅漢路値一貪児観知余寿三日生必悲去至第三
日令値貪児入定観知有六十年生希有念又観其
根縁与酒当時戯捨木葉為寺報為人説之間[illegible]

信念矣

比丘補寺壁孔延寿感応第四十九　出雑宝蔵

昔有一比丘死時将至因入僧伽藍見壁有孔即使團泥而補塞之増其寿命矣

昔金地国王治古寺延寿感応第五十　出辟斎経

昔有相師占金地国王却後七日必当命終後懮因遊獵次見一故寺破壊即生悲心速採治之得三十年寿矣

三寶感應要録巻上

壽永三年二月十二日未時書寫了偏為廬作佛事也

東塔北谷於西松井之了

（43ウ）

巻上　仏宝聚　裏表紙

巻中

法宝聚

三寶感應録巻中
五十五箱
甲

巻中　法宝聚　表紙見返

三寶感應要略録巻中

法寶衆中大子非濁集

将請花嚴經於盥掌水所霑虫類生天感應第一

諸小乗師以花嚴置阿含下恒在其上感應第二

文室轉誦花嚴見天宮迷改生花藏界感應第三

唐朝散大夫孫宣德寫花嚴願感應第四

東帝行證為親寫花嚴救苦感應第五

王代感地藏菩薩誦花嚴偈排地獄感應第六

空觀寺沙門定生見紅蓮花地獄潔謂花藏界感應第七

（1オ）

龍聞從僧護比丘誦習四阿含經感應第八
龍羅國僧俞誦阿含經生淨土感應第九
書寫阿含經生天感應第十
乾陀衛國阿羅漢從畜生含昔聞中阿含經感應第十一
南海濱五百蝙蝠阿毘達磨藏依五百應真感應第十二
罽賓國蝙蝠聞誦律藏得阿那含感應第十三
受持律藏比丘感天人感應十四
人遊昔在几地得人集經一遍滅罪得通感應十五

并州比丘道如唯念弥陀ノ名字生浄土感応十六
曇栄宋僧定行三昧等悔法行校記感応十七
隋朝智者大師称浄名経感応十八
宋臨淄人普明誦維摩経感応十九
会稽山陰書生写維摩経除病救親感応廿
法祖法師為閻羅王講首楞厳経感応廿一
光宅寺雲法師講勝鬘経降雨感応廿二
貧女受持勝鬘経現作皇后感応廿三

（２オ）

道珎禅師誦阿弥陀経生浄土感応廿四
曇鸞法師得観无量寿経生浄土感応廿五
并州僧感受持観経阿弥陀経生浄土感応廿六
西印度国講金光明経敵国得和感応廿七
中印度国講金光明最勝経感応廿八
温州張居道冥路中発造金光明四巻願感応廿九
則天皇后供養金光明最勝王経感応卅
梓州姚待為亡親自写四部大乗経感応卅一

（3オ）

遍無三蔵前途西域毎日誦般若心三七返感応卅
大般若経翻訳時感応卅一
大般若経最初供養感応卅二
唐乾封書生依高宗勅書大般若経一袟感通卅三
東印度三摩呾吒国轉読大般若王自供養感応卅四
并州常愍禅師写大般若経感応卅五
京兆僧一旦諷誦大般若経二巻感応卅六
并州道俊写大般若経感応卅七

唐隴州神女誦大般若経死更得活感應卌八
踏大般若之所在地離悪鬼感應卌九
又迎趣菩樹下時地神夫人般若金夫感應五十
周高祖武帝代滅法時大品感應五十一
阿練若比丘誦大品経感應五十二
天水郡張志達寫大品経三行延壽感應五三
盲居士清国大品般若経感應五十四
朱士行三藏教放光般若感應五十五

（4オ）

人讀經為途使者界主受持金剛般若経感應五十六
僧法藏書誦金剛般若経滅罪感應五十七
唐玄宗皇帝自誦仁王呪請大聖救安西感應五十八
唐代宗皇帝講仁王般若降雨感應五十九
舊譯仁王般若経感應六十
无量義経傳弘感應六十一
聞无量義経生忉利天感應
誦法花経滿一千部以上一月呈驗感應六十三

書寫法花經滿八部必有般若感應六十四
書寫法花經一日即速救苦感應六十五
分七巻法花經讃八座感應六十六
曇摩讖三藏傳大般若叓經感應六十七
又惠巖耶治叓經感應神責感應六十八
書寫叓經生不動國感應六十九
同常住二字感應七十
年寫[illegible]大經感應七十一

（5オ）

諸菩薩一切修感應七十二

[illegible]

[illegible]

[illegible]

[illegible]

[illegible]

[illegible]

[illegible]

有人将坊花厳経以水盥手水所霑虫蟻生天廣
執師子國沙門釋迦彌多羅此云能友是第三果人也嚴德之
初來儀振日尋時聖迹遍歴名山及寺至京廿〻人寺
時屬諸僧轉讀花嚴経典乃令譯語問云此是何経耶
是花嚴経能友肅然改容曰不知此處亦有是経耶
合掌歡喜讃言若聞花嚴題目字者決定不随
四悪趣此大方廣功徳難思西國相傳有人以水灑
何況將経〻手霑〻一人虫蟻因此捨命後得生天

受持誦　无量不可思議々々之福也　當閻于壊国東
千余里有国名遮拘盤王宮側有精舎於々大乗経
轉讀花厳王從供養之時夜中多忽光有々々明遍満
城中有百千天人衆種々无衣宮殿王々奉問王及沙門
王問曰是誰无答曰我是精舎側蜫虫也沙門以水灑掌
将讀花厳々々之所霑因此捨命生切利天々上諸
奉身放々報恩王問天云何奉報恩之制我国偏重大乗
々十處々遍小乗経人其已來收王歴藂（恭カ）敬大乗者国名皆

其境土ム生皆日言ホ以若中ム進子則遣不得摩ム伴人請
僧供養云々今不改至宮内ニ有此花嚴摩訶般若大集法
花未經十二部也十方偈王自受持親執戸鑰也則
開香花供養如此未法多
見如等小乘師以花嚴豈阿含下經也在上座之惟弟子　出傳未く
日照三蔵云聞之在近之彼城有一僧伽藍名跋利救於中有
諸小乘師而住後有一大乘比丘持花嚴經一秩來
乘者　中更不用今人乃爲経一秩而去諸小乘
宜也

（7オ）

看ニ盡テ仏根之井トイ晃ケ丁光明如烈火雖
水中不害湿便信此経是佛所作猶尚不乃至卑遂旨
在阿含等経律之下乃至明旦輙見在上乃可諸君誰
後輙移對之元人動経乃還置下文明知別経在其上后
此者数之与小乗諸師感大驚歎方知此経過於已等之
身根於地完轉歸経藏謝過一心専共受持花然経之
干時國云々
人金剛諍之上厳経見之上云之達改生者舊而不識勝二　出字

之靈感公母誦花厳遂之人空嬢鳴自皇上七年遣尋同施一
不令不敢厥後醒云于時凡寧无見体遠三日嘶並
生死花其臺上　住斗絶世謂韓曰汝与我諸弟子後皆
至十八年正月卒于寺春秋七十有八乃大葬出南山之陰
初韓志奉花厳常依大本作蓮花蔵世界海觀及弥勒天
宮觀至于疾其目精上視不与人對久乃　小沙弥真
同寢在側韓謂真曰向見青衣童子引　王能乎天人
天能　小久從坐輪迴蓮蔵是所圖也不久氣絶頭

（8オ）

頂　何一人耶答曰大水遍満如車輪跨生白
顔満足尋人便卒矣
唐朝散大夫孫宣徳薦鳥花厳顔感應　四　新録
唐朝散大夫孫宣徳維州衣安縣人也徳依孫薦顔
將造花厳経間觸事生不信尋捨癈元悪不造殺射
薦花落鳥何把経一日離覚悲涙投地悔過自撲
瑯比言詔死時二日見吏人追官断従官到於大城前立
並一大官三次叙　一　莫天菟十六士女属於州大尋音言如

之厳人次以返更一人以敦舎男鉄非分者汝日之近可吾今
敦生類百千万向之各之許分奪命由王孫真誓時
有一童子自称善財忽至々所王恭従之座下合掌然
今汝可放宣徳彼華厳造花厳未畢果所願王曰願生不信
宣旨放還童子曰華厳願之時元不信心豈以彼悪心捨彌
善哉善哉白但實如然宜可放還即童子示路得醒
悟大花厳経功徳不思議仍悔先思更盡一巻有書
之々々有六句享對親友曰吾為花厳生享天奉之

（9オ）

古

東帝行證獲親見花嚴救苦感應第五 出大[illegible]傳文

雍州万年縣泉何祿山以調露二年五月染患

一至五日々種起自說彼冥道誤追在閻羅王時見東

帝導行人阿家師去調露元年患死生時者又寫字

与七日人入苦々湯地獄去人識祿山遂帰寫月吾四十

行苦諸精々斤任々經各爲法々今寫花嚴經一部全不

相富之適爲此卅七日人皆得解脱土東本寺

[illegible]行[illegible]流[illegible]　又具答云[illegible]道々大悲盛遊於[illegible]大[illegible]
奉[illegible]月経容人書寫初[illegible]師已從家人[illegible]尭元尊相
主初寫経[illegible]今家自[illegible]夢其文末喜暢元已[illegible]
元年八月[illegible]巌周畢請大徳法蔵義学沙門慶[illegible]設
供[illegible]山[illegible]日乗會中乃見客師亦白鬼徳[illegible]暦處礼
敬三寶[illegible]冒罪懺悔受戒事畢日我[illegible]依経[illegible]
改報論天豈言畢而去山光偏臈宣司等信[illegible]
[illegible]地蔵[illegible]感應第六　出[illegible]別記[illegible]

（10オ）

京師人姓王失其氏余字之蔵也既无戒行曽不修善久明元年
因患致死二人引至地獄門王氏本事地蔵菩薩見人云
僧云是地蔵菩薩乃教王氏誦一行偈其文若人欲了
知三世一切佛應當如是観心造諸如来菩薩曰誦得此
能排地獄王氏書誦遂入見閻羅王王問此人有何徳
答曰唯受持一四句偈具如上説王遂放免王氏當誦
此偈時声所及處受苦之人皆得解脱王氏三日始蘇向諸
沙門説之　所言一偈者花厳経井夜摩天宮集会説法品文

空觀之妙旨　衆人經蓮花地獄謂　負花藏世界處七　出前經入
妙旨　生師僧之法不能讀誦戒闕懺說花藏世界相請
恒慕衣樂不淨心誤收僧事入經蓮花地獄號花藏世界　之
南无花嚴妙法本時地獄變爲花藏閻唱文昔之人答
生蓮花時獄官白閻々王大王々言此是花嚴之不思議經之
力即說偈言縛念花嚴不思議經若聞題名一句偈能
排地獄解脫業縛諸地獄皆爲花藏而皆自見之花嚴花
花　廿一日　良始藉自見此緣其後有通進其已後

（11オ）

門〻　矣

龍子從僧祇比丘誦習阿含經感〻應第八　出僧祇經

昔佛在世舍衛國中有五百商人入於大海共〻採寶請

僧護比丘以爲聞法師未至寶所龍王捉住船商人怖作

問是何神而捉船住爾時龍王現身請僧護比丘商人〻

戚捨与而去龍王歡喜將詣宮中龍有四子聰問　是

作僧護〻〻子白言爲我故此四各有一阿含第一龍者

數僧一阿含第二龍者中〻阿含第三龍者長阿雜〻阿含第四

龍教長阿含僧護長老教之第一龍黙然聽受第二龍
者但目口護第三龍首迴向聽受第四龍自遠住聽受
一四龍爭聽聞習恵於六月中誦四阿含願在心
无貴尓時大龍同詳不慈同已僧護答曰其大甚信合
以故受持法者要須軌則此諸龍未在畜生道无軌則一
不如佛法受持誦習龍王白言大德不應奇子僧師人命枝
龍有四毒二不得如法受持誦習何故黙然定者以聲毒
害以毒者害白　聲命是依是受持時文者以眼入毒故

（12オ）

者　力故　任受者亦能毒故斯說高人迴至此
龍知高何心議即將僧護付之云龍尚要謂其人倫々
新羅僧俞誦阿含生淨土感應第九　新録
天僧俞者新羅人也少出家歸心淨土教具誦持阿
含者既聞人合捨夢至極樂東門將入門中于時有一
比丘童子在門外以寶杖驅出俞曰小道感淚即
以小法為稱大道是汝國定也汝輕慢阿含捨不誦不可
人大乘門　夢覺悲泣悔過重持誦四阿含得淨土定

之一曼与生花来詰曰我在女身三誦阿含經本聖
故今得小道一心久ハ遂入大
書寫阿含經生天感應第十　出外国記
昔如来滅後一百年中夜有一人天放光来下阿難塔所
敬礼供養時有大阿羅漢奇而近護即阿育大王師也問
天曰汝何故常来礼塔答曰我昔書寫四阿含生忉利天
是阿難是以此因縁恒来供養復問彼天如天者如汝等
又答曰有百千同業者其中持增一阿含生天甚多矣

(13オ)

乾陀衛國羅漢於下房中阿含感應第十一　同記

昔乾陀衛國瞿二人来精舍有一阿羅漢名由那含六通三
明清澈善應誦中阿含未曾暫廢有人問曰既為聖
何佛好誦阿含答曰吾入宿住三昧觀知先業昔生大中
隨比丘而行比丘誦中阿含隨聞之受樂而不吠也
生乾陀衛國出家得阿羅漢果以是因緣恒誦不廢

五百蝙蝠聞阿毘達磨藏感應第十二　出西域傳

昔南海之濱有一枯樹五百蝙蝠於中穴居有商

亡王樹下既属風寒人皆飢凍聚積蘇薪蘊火其下燿
焰漸熾枯樹遂燃時商侶中有賈客夜分已後誦阿達
ア諸蝙蝠雖為大困愛好法音忍而不去士是入冬有
業受生俱得人身捨家修學乘法聰明利智並證聖
果迦膩色迦王与脇尊者招集五百賢聖於迦濕彌羅
国作毘婆沙論斯枯樹之中五百蝙蝠也

羯磨律儀藏減應第十三 出西域於此記

大宮一〻貞国東北地阿羅漢精舍有十阿羅漢三明六通清

律蔵十　分教出其律請高上同在世優婆離道者
門徒云汝等當勤修学戒律所以者何吾今在凡地流
西羅仏受鼈身在石窟中而住時有一比丘ニ宿空中
誦律戒刹闍之辛此善根受人身得阿羅漢見律精明
鼈身闍律蔵尚今何況信心修行

受持律蔵感応第十四　聞又
昔罽賓国阿維精舎有二比丘一人受持律蔵一人受持
論蔵二比丘以上妙食供律師夜ノ天人奉至礼拝持律

若比丘不和持論比丘如此一月全持論比丘心壊人云
衆善戒律開人天道乃至涅槃以是可称夫人童稚
誹者不可悔根佘時論比丘無律藏精勤修習四
時天礼供二八丘云〻

天人得者得大集經一偈滅罪感應第十五 出集法授捨菩薩衆依住此 是大集經中所説也
天人得昔无數劫中在凡夫時名遮他在邪倫羅作估商
客販賣治生宜意无實造者悪行害人受安逢由敷
世今国人民一　知之稱聲皆言是遮他陀害人受安命

時界人今与富　已異外夜非城去舒之趣於深摩國王曰罽
羅夫國人民與人婬曠无道其有能得者當重賜寶帛
國ゝ乞受募欲捕其身到出國作沙門在生他國坐禪
定學習道晝夜往復逢卌七年以至逢劫放心不得卌七年
奄於山窟舉聲號哭悲歎下窟乞食時道中地得一卷
年中有一函經更无余經唯有大集法悦捨苦
此經能除有億劫生死五逆大罪若有受持讀誦者其
不墮三塗何以故過去恒河沙諸佛所說故是等得此經

巳時不乞食勸善向塔廟到塔廟中燒香禮拜發露懺悔
塔廟中讀誦經一句以得次罪業障頓除入心懷
蛾等能行是行无量見之十方諸佛後有行者如上行之一
菩薩比丘道如淮聞方等名字其淨大藏應第十六　新
菩薩有比丘名曰道如與州之人七歳已上多解余佛然此比丘
不備念佛不持戒行畜不淨物身犯不悔生年六十一頓
中風病問余方花三日始發起君輕行病盡除念悪之咎
罰哭之一時日　覺善勢至來二十數利善白漢不以淳並十

在因人年六〃二部經名言皆以因緣羅睺羅歎〃傳述〃
歎向身命未盡十二年後將滿法得合掌流淚方醒悟
更於所有諸方等大集童從念佛至第十二〃正月十五
日方東音樂在空天花雨降現所見〃疾
曇榮等僧定之三人行方等悔法得記感應第十七 出唐高僧傳
潞州法住寺沙門曇榮貞觀七年依清士蕭門作善
請於法住寺行方等悔法至七月十四日有本寺沙門僧
定者戒行精〃尚因於道場內見大光明五色圓遶後蓋

下中有七十相好非常語傳定云々我身ハ因此要 未云々
着至真等正覚人汝罪銷故来告證無非今師万上於
我女是六佛同此詞宣後一佛言我是汝本師[illegible]
也為汝罪銷故来授記是業是汝滅罪良縁出賢劫中名
普寧佛汝身業清浄後當作佛名為普明若斯之應
現感應禅信難陳矣
隋朝智者大師諱浄名從感應第十八　出傳及諸應傳等文
隋朝智者大師諱智顗生陳氏頴川人也生時地涌一佛

(17オ)

大賢洛時山　隨波為大呉湖之一講淨名經次忽見人二丑
寶餝之函下阿閦佛土一會儼然而現十数梵僧執香爐
入堂遶顗三匝讃言善哉智顗玄悟佛意吾来歎向
風塵以斯説是語已忽然不見

人普明誦維摩經感應第十九　出梁高僧傳

宋人臨渭人普明誦法花維摩二經誦維摩經聞空中唱樂
又善神咒所救皆愈有人王道妻患請明入門婦
度門見鐵見人一物似狸長數尺許門從狗竇出即以之愈

而行水高祠覲自云神是人也宿奈麻呂云
會於白山陰書生寫經人名感意善氏新羅
集摩經始立願之後夢有一女摩書生身夢遺人名鼻至後
更發信心一部文又發願為ヒ親寫一部至同夜夢急
有率來天來到住室云吾是汝父以悪業故堕黒暗地
獄汝為我等造經光明照身苦息生天以歡喜故來告所
因子復問不言母何處答汝母因貪財堕餓鬼中汝寫經
於品雖苦而不元動因吾人不交當生彼慈勤畢竟無

(18オ)

疏寫一部而供養之事有二人修官人棒讀未盡日而
竟法華經轉讀之有海名海鳴雖二人經放可生金粟佛土之間也
海公皆有努力莫息春秋七十有九而卒身之為金色也
有増生金粟佛土者樂而已

法祖法師為閻羅王講首楞嚴經感應第廿一　出傳中

帛遠字法祖河内人也乃於長安造築精舎以講首楞
嚴經爲業時有一人姓李名通死而更穌見祖法師
在閻羅王處爲王講首楞嚴經[illegible]同[illegible]降[illegible]

第二天自然諦音應時往忉利天被即哭三七日上令日

不退現德云々

光宅寺雲法師講勝鬘經降雨感應第廿二　出傳中

梁武帝發祈雨去六月將請光宅寺雲公即請講勝鬘

降雨受潤自足云々

貧女受持勝鬘經現作皇后感應第廿三　出三寶記

昔佛滅度後三百年中阿輪國有貧女六親俱无拾薪

于今假受持勝鬘經貧女為薪更入山身疲不能上去

（19オ）

卧山中誦経尓時国王遊猟入山忽見此女〻為嘉其才
王異之近見端正女人歓喜還宮立為皇后甚国凶典、
不得当出此時再興求法者於此得此経本文
道珎禅師誦阿弥陀経往生浄土感応廿四　出瑞応伝士文
晋朝道珎念仏作水観夢見一水百人乗船欲往西方乃求
附載船上人不聴珎〻一生修西方業何故不聴船上人〻師
汝未因来誦阿弥陀経之所菩己　聖王是人船人一時復
放既不得到来　常悲醒覚見乃誦　今経四多日入所

大乘白銀樣呈擧手足向諸菩薩〻〻月光
相粮之西方臨終夜出頂光列千炬人異香滿寺
後於經函中收得在生遺記未終前並不說示人
曇鸞法師得觀經生淨土感應第廿五　同文
昔朝曇鸞法師得此土仙經十卷欲訪陶隱居画子仙
術後逢三藏菩向曰佛法中有長生不死法勝得此土
仙經不〻三藏唾地發鸞曰此方何處有長生不死法經
延壽年〻盡須臾還即淨无量壽觀經授与鸞曰此

（20オ）

方云何宿長得解脱云離生死當得傳頂人承梵
仙至發心出半夜感龍樹菩薩説偈乃知壽終自執盡而云
念佛菩薩壽終聞空中音樂西来須臾即還之
并州僧感受持観経阿弥陀経生浄土感通甚六　新録
并州有比丘名僧感持観无量寿経阿弥陀経以筆感夢
又自身判翼左観経文右阿弥陀文欲飛身尚其覚
弥陀経両三年後夢見既長次飛女経又経二年夢
身軽飛騰重至无量寿寺指西方　與地寺

有一佛二菩薩誦経功徳至極楽一人説云我曰深禅誦経
毎日誦之八巻一千日方生上品地菩薩々如説修行経三
年而終剣處頓生九品蓮花七日不萎落々
西天竺國誦金光明経敬國得和感應第廿七　出開元録及慈膳伺古文
西天竺度有一小國請摩騰迦葉者誦金光明経俄而隣国
卿兵来既将践境輙有事尋兵不能進彼國兵衆鼓
有異相卒登遣使都但見人臣安然其聽其所誦也
明地神々讃國之法也是彼國請求法俱得安楽矣

中〻度有一中國誦金光明最勝經感應第廿八　出西國傳
中穴度有國名奔那代禪那如來滅八百年中國邑
五穀不登王臣士民飢饉疾疫流行斃死滿路王問臣曰
何方便將救此苦知臣白王言除國災孽不如佛經王將
行佛教王曰何經典臣白首楞嚴國救穀貴難依誦金
光明最勝王經典將誦讀此典王召請法師一夏誦經
得五處諸聲諸童子執杖逐行四尼驅出國郭時疾
疫頓息了無一有文力鬼九十才長丈出一切衆

感五穀虫々梭未出一年目留此以[illegible]
温州治々張居道冥路蘇造金剛般若経第廿九　出[illegible]
昔温州治中張居道因過女事殺猪羊鵝鴨等未踰旬
得重病便死経三々夜治郎説由縁初見四人来棟中接一
張文書以示居道乃是猪羊等同詞共訴曰猪等雖前身
積罪今受畜生身自有年限遂被居道枉相屠害請威
後有判老司命追過即打縛将去直行一道向北
守使人白汝未合死當何方便而求活恐家問云

（22オ）

界在王門一通悔難可及君道日廿一所犯滅餘究
一計使人白汝為所致生一心願造金光明經一部
免脱所求散唱其言少時至城門見人間魔聽爾元赦
憶人家痛鬱不可聞使唱名王從猪羊許状云至若首
述願状所致者乘此功德隨業他於王歡喜并得生路
善發心造經一百余人對請已欲不可計数也
足有女周縣麻逆女脱
普經願状永述之

則天皇后信仰々々金光明最勝王経　也

三蔵法師義浄斉州人姓張字文明　遊西域所歴卅餘国

國后證聖元還至河洛天后親迎敬法寺天長安三年

十月四日於西明寺譯畢沙門波崙惠表惠治者筆受

同月廿五日即於西明寺而供養即施百尺幡二口十九丈

幡四十九口繡面足香花等供具皆用七宝之而為之爾夜

時也　至盡寺經巻放光大地微動天雨細花自香之

誰後五百年中得也　感応之文云々　已上廿一

梓州姚待為亡親自寫八部經感應第卅一　出金剛般若

梓州〻〻縣人姚待以長安四年丁憂發願為亡親自

寫八部經法花維摩〻〻各一部藥師經十卷金剛般若經百卷

四年時有一鹿從門而入立於案前舉頭舐案狗見不

敢齧以姚待下床抱得亦不驚懼為受三歸跳躑出門

朏〻後而來去又有屠兒牽豬奴者未至案前投縣若

經而馳去〻〻之後不復再見莫知所之　畢時陳字夢鹿畢　為母備寫待文名

量妓受身荷為寺馮

以其之叉其他也

唐張謝敷於法華誦藥師經感應卅一

吾謝敷者張代頻得重病其妻每謂衆僧七日七夜轉十
誦藥師經滿夜數夢有沙門僧以經來云復身〻旨後平復
如故自謂經力矣

唐張李通書寫藥師經延壽感應卅二

張李通其年卅七時相師見之云君甚壽短不可過卅一李
通聞之怨依投道人〻曰有長壽方君以發心書寫經
即投唐三藏譯藥師經通曰俗人恷世務甚忍五〻王貢

(24オ)

積實難令先須寫即明經大精識自寫世務相益
得〃時先有師見〃通〃甚為希有甚實〃希有至
何復煩〃得卌年壽通語上事同志歸心益多矣
寫大毗盧遮那經感應卅一　出經序
昔北天竺国界内有一小国〃名為勃魯羅其国城北有
大石山壁立干雲聳〃峻且丈出其半腹有〃秘法之窟
毎年七月即有衆聖集〃中復数十比丘徒捧經出曬光
當晴朗諸聖見之將尋光白似雪吹〃高〃為若風吹

乃以二淺半丁美時相應趣輙右收抄出三亦
所奉獻出王既受之得實有一甚暴有大猿害
索此誑斯須未還乃欲逍身自害珍方何態勉弃三言
往矣即還但欲求像見王詞題遂許通鞋且為向前
文殊三日即來却取主乃分爲鏡像及限却還王雖
太子相傳其本不依于外近有中天文瑜伽阿闍梨走
像山河即來秘寳時王都闍梨有異欲此傳授此記
書隨求陀羅尼繫頸　感應廿五　出經上卷

貴有慈蓋心懐浄信好不割戒有所遠犯不専敢現言
物便私流物将入已用後遇重病受大苦悩時被慈蓋
救済者作大叫聲則出其處有波羅門即其叫聲所往
詣彼病慈蓋所走大悲愍ヲ可為書与随走ハ王随羅庄
撃出致ハ下苦悩背自息便即命終生无間獄其慈蓋屍殯
在路中其随羅ミ庄帯ニ身ニ一回其慈蓋後ハ地獄諸受罪
者所有長痛患得停息ハ皆安樂ハ下鼻地獄所有後
又由此随羅ミ之威徳力及ヒ一七日清滅

尊勝陀羅尼経請來縁第卅六　出僧寳高行録五十七

罽賓國沙門佛陀波利唐言覺護忘身徇道遍

文殊在清涼山遠渉流沙躬來礼謁至觀容見一老翁

従山中出來語波利曰師従彼國將佛頂尊勝陀羅尼來

不此土衆生多造諸罪出家之輩亦多犯戒律佛頂神呪除

罪秘方若不將経來何益縦見文殊何由能識師可還

西國取彼経來流傳此土波利聞此語已不勝喜躍

頂礼之頃忽不見老人波利驚愕携遂及歸本國取得経來

（26オ）

八出豆甚至于不出
童兒聞壽命經延壽感應第卅七　出法流序
玄宗皇帝開元末歳有一相者聞聲知長短壽出賓臺
寺開門外聲唯有令目壽尒出見之童兒年十三色白
諸言悲愍望入明日復開前童兒來既延七十餘歳生
年特令即出同由鼓五里帰曰吾出今之後壽將借房閣
壽命縷支元余事相所數日佛法不下　見年於以吉相召
而實議

焉耆國ゝ請ゝ誦般若以證應卅八　出經験記

昔焉耆國有疾病者、[illegible]國被[illegible]、有王妾名曰

豊[illegible]懐任之後漸ゝ生及[illegible]被重病胎子既死、女臨其

欄惶國王専遣問絶都无作帰安[illegible]心晝夜随[illegible]誦ゝ

般若經由誦經力胎子復生安隠産生、嬰孩平成其兒

口聲從世尊果恒誦摩訶般若波羅王臣親喜、名世界

生身三歳間扶般若、卅歳至於七秋子太[illegible]達三二歳[illegible]

當時[illegible]氏踊躍發焉被行事、挙國請誦ゝ病疾[illegible]無天

(27オ)

年々万民安楽也
畢試國王寫誦般若經感應卅九　同人
昔畢試國爲小邊蒙王族新舊侵尾隣境貴仁家
代迭蔽他去衆多慈王乎其外侵逼時有一王名聰
祐智甫高名願告國内男女大小各令寫般若心經明
朝爲斯制以准救勸寫三年之間每日念誦勤於境
易誰神懐怡此特諸國敵悪逃畢試國時七日出
落也有諸戒賊望之者則然畢後有也之又之由

惕者不覚人心迷今時日夕翳尊寄之言漸至十字識
牟国放光生主諸方六青拗世心國梵朝廿、國各感三驗
剋人領誦護持者常為模例一切衆生方可得護也
遍覧三蔵者首逢西域並自誦般若心経三七遍数是世
玄奘法師本名禕俗姓陳以貞観三年杖錫尊路毎日
誦般若心経二七遍作是櫃言人負道為求大法蔵趣西方息
不往婆羅門國終不東帰縦死中陸非所悔也識重装
軽要展渉参周遊西宇十有七年耳目見聞百卅八國

(28オ)

有遭留難處誦般若心經及念觀世音各免怖畏十九年
月方始旋返届于長安弘福寺經論六百五十七部三藏自
說是般若心經及觀音力也
大般若經翻譯時歲逾卌一　出慈恩傳
顯慶五年正月一日起首翻大般若々梵本揔有廿万頌文
既廣大學徒每請刪略法師將順衆意如羅什所翻
類除繁去重作此念已於夢中即有極怖畏事以相
警誡或見乘危履嶮或見猛搏人流汗戰慄

解無見女發憤擢向諸衆説達依慮朝夜守乃自證佛果
前間人々堅觸己身心言竪摘過法師自見年執已燈法
養諸佛或罪真爲達爲衆説法々人圍遶讃歎或夢
見有人奉也名華讃貫而壽接不敢更刪一王舎城鷲峯
寺二法孤獨園三池從自在天宮舎城竹林精舎惣一十六
會合爲一部然法師出西域得三本至此翻譯之日文有
數倍今校三本以定之恐勤首尾方著文審慎之
自古元比或文乖首尾三是有譯不覺人之境似若有

(29オ)

稱以明淨情界路無若披雲覩日自々如此悟處豈云
菩薩識所通並是諸佛菩薩加耳證之初會有亥伴
五品々中說諸菩薩訶薩承為般若波羅蜜故以神通願
力盛大界上妙珍寶諸妙香花百味飲食衣服音樂隨
意所生五塵妙境種々供養說法處時玉花寺主慧德及
翻經僧嘉尚其夜同夢見玉花寺内廣博嚴淨綺飾
莊嚴幢帳寶舉以前供具共來供養々般若經寺内
衢巷墻壁皆以綺錦地積名花衆共履躡々說

〔一六七頁（33オ）へ続く〕

〔一六四頁（31ウ）ヨリ続ク〕

（30オ）

寿永三年二月十八日於東塔北谷[illegible]松井[illegible]時[illegible]

〔二〇三頁（遊紙）へ続ク〕

[illegible]云々　感應第七十一　西域來云々

域有一（ ）（ ）從教之人　今（ ）阿羅漢不知因緣

後得道大士來到彼家見教之云々善哉彼羅門昔以之

之人（ ）後以是因緣能教之明以未來得佛佛名光明云々

寫一切經感應第七十二　出隋歴代三寶紀第十丈

唐高宗明寫一切經陳高祖武帝寫一切經一十二藏

世祖文帝寫五十藏陳宗宣帝寫二藏御太祖

（31オ）

皇帝寫一切經藏合壽字孝明帝爲先皇寫
十二藏合三万八千四十七巻隋高祖文皇帝爲四十
六藏一十三万三千八十六巻煬帝寫六百一十二藏二[illegible]
一百七十二部此土皆有感應不能備記更檢史書等
云

〔一六一頁（30オ）へ続ク〕

（31ウ）

〔二〇二頁（50ウ）ヨリ続ク〕

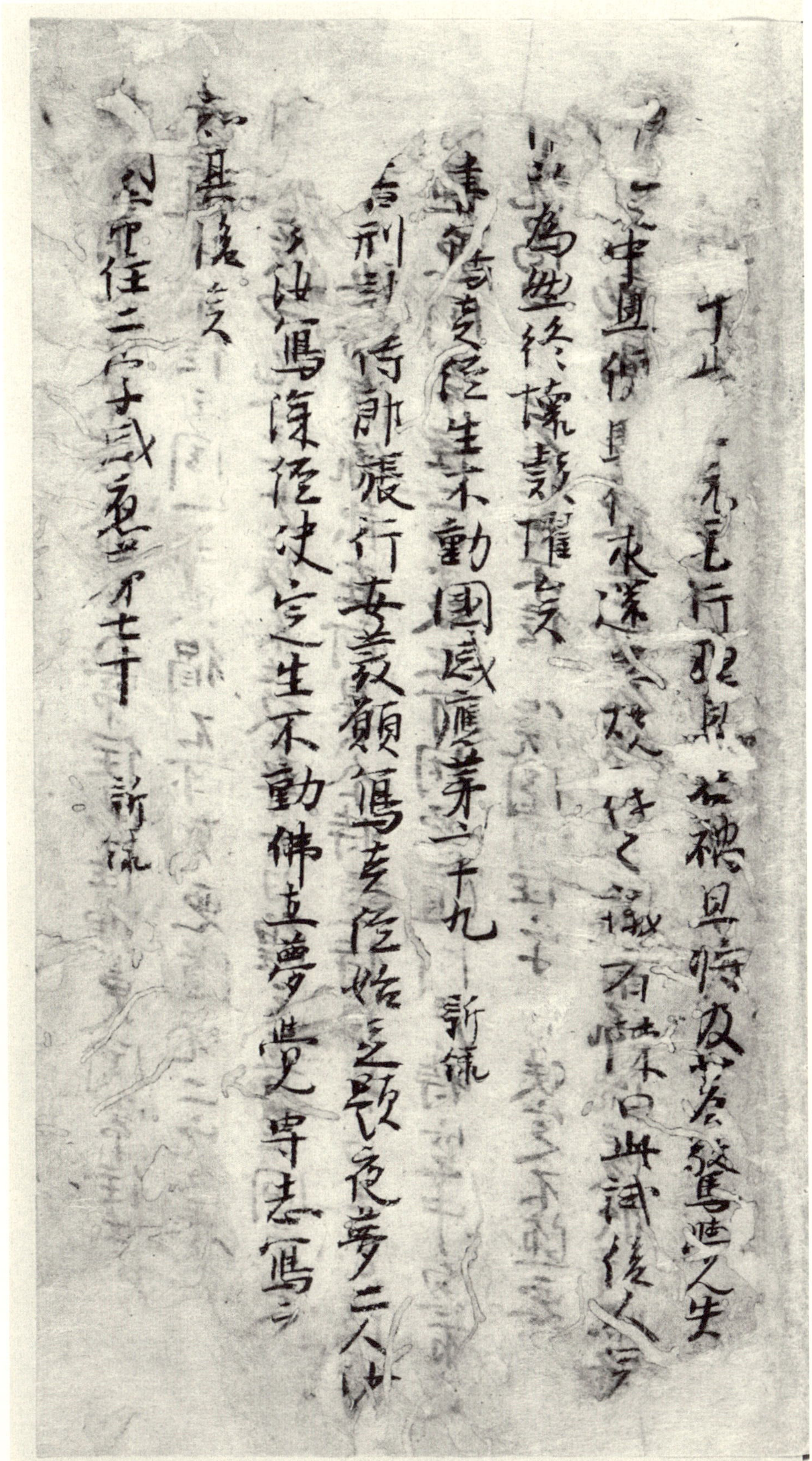

（32オ）

揚州有居士不信大槃涅常住仏性涅槃更聞常住二
悪道生不信之間一説無猶可免悪道況二字乎従
士々然後可死心上少暖未蔵斂七日醒云吾至閻羅王
云汝謗涅槃経報在阿鼻今時提持閻羅白王言設請
人亦過去聞常住二字故也可向悪道門戸時空中忽有声
一説偈曰々々　若信若不信　纔聞常住字　決定不堕悪
王聞此動国王欲責而放還々々以此目録流布於汗々終
[illegible]

(32ウ)

〔一六三頁（31オ）へ続ク〕

院是院信如勝妙如経一一戴之寺衆荘嚴世又後院與三壹
講説法師在中豈數演説觀此已歡喜驚覺倶參
法師所夢事法師云今正翻此品諸菩薩等必有供養
法師并見信有是年時殿側雙柰樹忽出非時數々
開花々皆六出鮮榮紅白非常可愛時衆詳議云是
般若再闡之嘉瑞又六出者表六到彼岸至龍朔三年
冬十月廿三日方乃絶筆合成六百巻稱為大般
若経耀恵日出神淵灑法雨出中夏文玉潤理金固含章

歡喜告徒衆曰此經出此地有縁云然耒此王花者經之
力也此經出地有縁明矣
大般若經最初供養感應卅二　　出翻經雜記云々
玉花寺都維那沙門寂照慶賀翻譯功畢以聞皇帝非
既譯畢設齋會供養皇帝歡喜莊嚴嘉壽殿設齋
會寶幢蓋種々供具極妙盡美即龍朔三年冬十月廿
日也請經從肅成殿往嘉壽殿齋會所講讃當迎經
時般若放光照燭遠近天雨妙花兼有非常香氣時

言恭法師語門人曰經自說此一乃當有樂十方大士者國
至大乘部從衆書寫受持讀誦流布皆得生天究竟
解脱既有此文不可議然又齋照自夢千佛在空異口
同音而說偈言般若佛母深妙典於諸經中最第一若有
一經其耳者定得無上正等覺人書寫受持讀誦者一花
一香供養者是人希有過去曾瑞是人必盡生死際夢
覺白三藏〻〻言此是經中現千佛也
〻〻右乾封書生依高宗勅書大般若經一袟感應世三　將

（34オ）

昔高宗乾封元中有一書生遭疾而死一日二夜始蘇
云初死之時有赤帳冥官以文牒召即從冥官至大
城門使者云城内大王是息浄王以彼文牒召汝是時驚
怖見自身右手放大光明直至三刑過於日月光明王驚
異從座而起合掌尋之雖之出門問吾曰公能何功德
右手放光即答更不作善又不覺放光由王罷送城門外
一笑書出城歡喜謂吾曰公依高宗勅寫大般若經
十王、右筆而寫手放光人者善憶知此事王曰云旦

還時白王吾已来路王日尋之而還即如王教宜吉宅
光滅得醒跪此由緣悲喜流淚捨所有馬百疋此由観聞
矣
東京度三摩呾吒國轉讀大般若王自併眷感應無已　出求法記
澧州僧哲禪師思慕聖蹤流舶西域既到西土適化隨緣
巡礼略周歸東京度到三摩呾吒國王名曷羅祖跋吒
其王既深敬三寶深誠徹信光絶前後毎出日々造拓模
泥像十万遍讀大般若十万頌用鮮花十万尋親自供養

(35オ)

於王城内僧房有四千許人皆受王供養毎出晨朝令使人
至合掌房前白行疾國大挙問法師等宿夜得安和
衆僧答曰願大僧沉願大王无病長壽國祚安寧慈國
求和立民豊饒大般若之力也

并州常敬禅師寫大般若經感應卌五　同文

并州常敬禅師立放大懴願生極樂一門作淨業既廣數
雜譯一心後遊京洛專崇斯業幾誠冥其皆有所有所
感設遂願〻寫八般若經滿寺方畢遂遠遊諸方礼

如来等行聖迹以此勝福廻向願生逢諸闍十去時諸
淵教俱抄寫大般若旦心一向至也天不從之乃蒙授善勅
南遊紅表敬寫般若以韓天漢要心既満夢附船西征
百千天人奏天伎樂之即見乗舩船是般若夾出天竺
早得淨土達矣
京兆僧智嗣誦大般若經感應第卅六　新録
延僧智京兆人也其母夢見吞日而身生即唱般若字人
皆異之至十歳自然誦大般若三百巻全无練習毎月

（36オ）

為業誦一百巻。内心推請、全无宿習。祈念欲知、夢ニ一人
〻門来語宿曰、汝前世受父母牛身、主人負大般若経二
百巻、駈向精舎。于時深泥路嶮、而終即生人。以是因縁誦
二百巻、余无練習。汝捨此身、将生雷音佛国。夢覚之、悔謝
負之。

白井刑道俊宜為大般若注感験　卌七　出井刑生記

誦道俗一生読念佛三昧、不樂余行。時同刑僧常勧進
大般若。後日我読念佛、余无余贓。如何為修懇見勧者是

者直道往生西女洛之汝須偈妙依都本語曰吉之淨土
自然圓滿即夜夢至海濱見渡海西岸上有石山巖
當六人天童子棹船在海渚俊謂船童我欲附船渡西
岸童子曰汝不信船豈之得船俊同如何信船童子曰船白是
般若々々无般若不能渡生死海豈之得生彼不退地耶汝設
附船々即没夢覺之心驚怖還捨衣鉢寫般若云自従春
至四年雲之西來音樂聞空之將非感應矣
居豫州神母聞大般若經名感應卌八

（37オ）

恩穢州有一老女不知俗姓唯事神道不信三寶人舉名
狂神女非見人露復心不往諸塔寺邊若行路時遇比丘僧
掐目向遠時忽一頭黃牛在女門外而立經十三々日更无牛
主神女自謂神助自往牽牛身家養遂不隨之女解衣
帶繫牛鼻牛牽入佛寺女人惜牛及帶故掩眼入寺背
佛而立尓時衆僧驚出生悲愍故各稱南謨大般若波
羅蜜多經神女捨牛走出臨女河洗耳々我聞不祥事
謂南謨大般若波羅蜜々多經一稱此々自謂々随日

泄其家中忽不見人僕侍神與遺病而死孃女莫〻之葬
告曰我死至于天〻人法王所唯有悪業〻死〻及所全无廿
分善根因王捨拾札而歎咲于汝閻浮稱名善還出人
間應持般若燃人業盡遂生切利天汝不應生夏会夢
覺人為寫般若將三百余巻見在云〻
踏大般若經所在地獄之應卌九　出衣氏記
釋玄運天竺名般若提婆本襄陽人也遠尋聖跡越南
濱達西國於那爛陀寺盡辞勤真妄客恭樹儀至于媚

堅鉢代多國有孤山既爲勝地靈々廟寔繁感應多種取
中有精舍以刻檀觀自在像爲尊若有人七日二日祈請
願々即者從像中出妙身慰喩其心滿願傍有鐵塔收
大般若經廿万偈々々天覺見興供養像及經靈々運一七日
施令々請祈所願々々有三一令身免離惡趣二吾歸本國
廣興佛事三從行佛法速得佛果即從檀像中出妙
相莊々及之明照耀妙色慰喩運曰汝三願皆成就汝
當入鐵塔將誦大般若經踏々所在地々心三西過之人

發心將越此地婆〻威神等〻増進佛道多有行者得
不退也若持此經書寫經卷者皆令滿足其人所求説
此語已化身不現所三七日修龍岳鐵塔礼拝經夫〻房〻
其文経歴半年以歸居廣興佛事翻譯聖教写五百
堪能是歡喜加力大般若感應矣
了人從鉢羅笈菩提山趣菩提樹下中路地神奉般若經感應第五十　出宋國記　末
世尊六年苦行將證正覺登鉢羅笈菩提山居〻前正
覺山從東北岳登以至山頂大地震動山將傾頽山神恐

(39オ)

佛告曰此山非成正覺之地若宿於此入金剛定山當傾
昃從山下西南半崖大石室法跡跌坐地亦動搖時淨居
會天在空中曰此非成道地從此西南十四五里去菩行處
不遠有菩樹其下有金剛座三世所不能壞堅固所以三
世諸佛皆坐此座上成道之地𦬇當往彼處尒時石室
大龍請世住𦬇留影而去諸天前道將趣菩樹下地神出
中路從涌出捧三寸金華以奉上𦬇ゝ此是先佛宗篤取
般若波羅蜜法門三世諸佛皆得此般若力降魔成

（39ウ）

道将大法輪度脱衆生若未得此字来初坐樹下佛法不
現前不得成佛道吾当過去六佛初成道時皆奉上此𦬇
歡喜甲手而礼頂戴往至𦬇樹下坐金剛座開金手時
奉爰中齎博十方佛土般若六千文皆反為佛放白毫
光照𦬇頂授法王位十方成正覚先讃般若十方梵王来
請法輪尓時又遂堅思惟不務速説云々

周高祖武帝大照感應第五十一　出究珠文

周祖滅法経籍像之次以後身中忽見空之中如囲大者有五

（40オ）

六飛上空中極目不見人令為一段随風颻之上下翔寄主
望卒測是何文乃勸下随上十二橋視乃是大品經之第
十三巻人皆謂希有奇感應歸心者多矣
阿練若比丘讀誦大品經感應第五十二　出西國傳
昔有練若比丘讀誦二人何般若常夜分天人来至比丘所
以天甘露供養比丘問天曰天上有般若不答曰有比丘問
曰若有經巻何故来下答為敬法故又天上般若諸天博
路人中般若正説佛言是以来下比丘復　天上有何受持

世不答天者樂故不能受持往州一乞羅與同學大辛
根鈍不能行般若心是菩薩比丘復同讀持般若汝人
不答八十億諸天來下人間守護持般若者乃至同一句
者敬之如佛持佛母故不可廢退之文
直天水郡張志達寫大品經三行延壽感應第五十三　新録
天水郡志達姓張持誦書卷而信道士不寫佛經及至親友
家見書寫大品般若不可謂老子經同親友曰老經虛文
戲令也達取之寫三行知非老子經便令起去經三年後

遍病三死過遍一宿還活流淚悲喜悔謝至親友家語曰
君大喜不議人令我從令壽我得天堂支驚異曰如何不
㒵言答曰我死見炎王ゝ見我来ゝ汝戲人信釈師
道不議佛法尋那一卷ゝ書檢校惡業無余既書經唯
常代許王心見我欲哭汝有大功德至親友家不意焉
大品般若三行我未依人聞說行般若ゝ力三昧受者輕
擲懈壽行既盡今借壽業放還人中汝壽受持般若
擲今日放息ゝ聞是語已還入本身蘇息君息尋是経

家擔一所有財書寫八部云々供養之　春秋八十有九々病而
卒後見人遺書云予佛道我以般若經為外從生淨土云々

晉居士周閔太品般若感應第五十三　出冥報記

晉周閔汝南人也晉護軍將軍世奉法蘇峻之亂都邑
人士皆東西被遷閔家大有大品以半幅八丈素反覆書
之又有餘經數帙大品亦雜在其中既避難單行不能
得盡持者尤惜大品不知在何帙中倉卒應去不展尋
搜徘徊歎々咤不覺大品忽自出外閔驚喜持閔伏遂迭世

寶之今云尚在一説之周高帰胡地有梵書大品梵廣
五十万余大品一部盡在矣
朱士行三藏放光般若感應第五十五　士行傳出
前魏懐帝甘露五年沙門朱士行者講小品經或云常講
道行般若歎理未盡發跡長安度流沙至于闐得梵書
正本九十章彼國多小乘學者讃抗王曰漢地沙門欲以
婆羅門書惑亂正法何不禁之聾盲漢地王之咎也王
即不聽齎經東士行哥請焚之為驗于時積薪殿

前經畢而甦其〻亦〻横〻千始歸信〻之〻〻宮〻經還國荅
數蘭无羅叉譯為放光般若者是也
人清遲為王使受苦衆生〻受持金剛般若經感應五十六　出経験記
天州恵義寺僧人清遲小誦金剛般若者萬歳通天元年
月初出潞州雲巌寺北三惣山中叢嶺為王使受苦衆生
受持金剛般若經從十月廿日〻西於山中湍坐誦經忽然
夢見一城很廣可有五里其〻僧下道至城東門侯可容
一〻人入僧問提門者自得知大王何時發地獄受苦衆生款〻

(43オ)

晡日午未時曆衛禪師手執錫杖年可七十已上来詣床前
語王云有一客僧為三塗受苦衆生誦金剛般若王得知
不大王何時見放地獄受苦衆生王報言先明日午時為
問師放却小多輕々有其提問人謂僧々問師即寺主請文莫語
云々
僧法蔵書誦金剛般若経感流感應五十七　同記
隋鄜州寶室寺僧法蔵武徳二年閏三月得患困重経余
二旬乃是見一人青衣服好鮮在高樓上手持経一巻告

法蔵〻汝今乎用三宝〻物〻罪无量我何物経者是金剛
般若〻自造一卷〻專心誦持一生已来所用三宝物罪並得
消滅蔵即應聲若減亦病又擧發敬寫一百部誦持不
廢蔵即命終將至王具問一生作何福業蔵即分疏造佛
像抄寫金剛般一百部於一切人轉讀重寫一切経八百卷
書夜誦持般若不曽廢闕王此言師造功徳極大不可思
議即遣使蔵中取功徳薄將至王前王自開檢並依蔵
中所說一〻不錯謬王言師功徳不可思許放師在寺勸他一

口授誦般若具脩一切功徳莫生懈怠師得長壽无病安
樂後入介ゝ日即生十方浄土乃得龍浴自對池境宅一
唐玄宗皇帝自誦仁王冗感應五十八
唐天寶元年王子西蕃大在虚五国来冠安西国其年
二月十一日奏請兵ゝ玄宗詔發兵輔計一万金里等月方到
當損救之大臣白言且可詔問不空三蔵帝依奏詔請
大王為救帝虚香爐誦仁王護國經陀羅尼二七遍帝忽
見神人可五百員帶甲持戈稲在殿前帝驚異問

三蔵又曰此是毘沙門第二太子獨健領兵救階下意
往救安西故来辞也其年四月安西奏云去二月十一日巳
後城東北卅里雲霧晦冥中有人衆可長丈余皆被金
甲至酉時鼓角大鳴聲振三百里地動山崩経二日大石
康居五國當時奔潰諸帳幕間有金色毛鼠齧斷
弓弩弦及器仗悉不堪用辞頂城楼上有光明天王現形
无一不見者謹圖天王様随表進皇帝仁王経力也
已居代宗皇帝講仁王般若降雨應五千九 出唐居記

代宗帝永泰元秋天下无雨枯渇代宗以八月廿三日詔於資
聖明兩寺請百法師講新翻仁王般若經以三藏法師不空
為都講至于九月一日黒雲覆空甘露雨降天下得国
雨澤枯死草木頓成榮茂仁王般若威神不可思議又
羌胡冦逼京城又因皇帝内仁王經二夜開百仁王道場
皆有感也
已上講仁王經感應六十
徳宗皇帝貞元十九年有一沙門不知名及住處常誦大

七府十廟堂新譯經四百　帝僑府又居西　年云吾昔在
前觀助此經付之翻詞質義味很合周旋誦聲身心清
凉新經之詞甚美義味清傳海持舊本又昆沙門与經來
劉沙門夢覺人遣持舊本來
无量義經弘感在第六十一　出經序及應記
此无量義經雖法花首戴其目而中夏未覩其說講法花
者毎悕肆懐歎未嘗不廢談而歎想見斯文忽有武
當山恵表勤苦求道南北遊尋不憚夷險以達元三年復

（46オ）

訪尋披秘遠至嶺南於廣州朝亭寺遇中天沙門曇
摩伽陁耶舎手能隷書口解齊言故傳此經未所云從義
便懇懃致請心形倶至淹歷旬期僅得一本仍還唐比
唐暦入武當以今永明三年九月十八頂戴出見披讀通泰覿
真文欣敬無量誠詠歎不足手舞莫宣輙度時有一人
生不信〻此經何名法花亭耶夢一神長丈余帯金甲以剎
努擬之〻海若不信當斬頭頸此經云是法花亭今一經
耳者得時不失等〻便覚得時一睹豈非二利〻得無少人悟悔謝淚

僧九品量義經功徳感應　下寺出傳記

昔惠表比丘武當山誦无量義經後頂戴出山棲宿寺中初
夜分有天來至以百千天衆為眷屬從春及表々同誦
大合曰吾等是武當山青雀聚同无量義經命終生忉利
天以執見隔來故借眷吾等本身在山西南隅一處聚集
捨身語此事已忽然不見表進往尋青雀實如所言同
經頌從如斯歡喜見棲私通矣

誦法花經滿一千部无有靈驗感應六十三　出梁高僧傳上

帝弐當成世尊㑹東看山則有人掘地見一處土異色黄白
尋見一物状如人兩脣其中舌鮮紅赤色以事聞奏帝問
道俗等无能知者沙門大覺法上奏曰此持法花者六根不
壊報耳誦満千遍其㝉徴驗矣乃集持法花者圍遶
行饒始鼓聲此靈脣舌一時皷動聞見毛竪以事奏
詞詔遣石函蔵之遷于靈處
右一縁法花傳誦八部之中有救者感通六十四
宋京高[illegible]寺沙門惠進[illegible]恵果同[illegible]之一生不[illegible]

何業ヽ且ヽ以堪且當ヽ又　問給自食門知僧ヒ可云
劉経後遇疾而死三日蘇ヽ云冥官被頭詣遠終有以
自謂道曰王若椎問應作是言若有造法花経八部欲ヽ而
覆此言ヽ忽然不見尋至王一別問能可功徳答有書造法花
経八部願王歎喜曰既ヽ有願若造法花及八部者女服八獄
依此一言放還人間説此因縁捨所有造八部其経見在ヽ云
書寫法花経一日可速救苦感通六十五　出法華傳
又
并州有孤山戒岌寺中有二人僧同房而住一名ヽ誦ヽ三階

（48オ）

能以二名僧法行法花三昧二人要斷僧法先人臣三年搖襦
衍請観音夢至地獄経大城無不可識過鐵圍七重無際
其上鐵嘴三面開門甚固百千沙門犯浄戒不調身心者在
中受苦同獄中有沙門僧行不衆剃髪有人曰我見人答云不見
我土佛子如何因墮此獄時衆剃以鋒毀三疾病之僧見
星疾流溢沙門天子衛受重苦欲放見普放羅剃活見其
信之見身辨焼爛謂法師後将杖吾代以何救之答云造法
花之去向吾尓耶今一日後三夜畢甚為[illegible]貪道宜可

由其妻[illegible]為造非一日經科行三行字
夢曾見即日捨衣鉢資以書寫十人ニ一日頓写了供養礼之
其夜人夢僧許非地獄昔近生忉利天矣
七英人八持誦法花經感應六十二　出經傳
入唐明又云何處人ニ先俗姓風氣甚閑聽惠多聞頓悟佛
乘誦此花經天機偈斷相法說人或時入深山坐石室誦經
數年獼猴來到聽法經三月後夜石窟上光月漸近人
問不利是時天人自稱吾是獼猴拜中花經三昧者也

積[illegible][illegible]講生忉利天奉少在室東南七寸金歩外思惟見文
前御講故降臨此處願聞講經明日於何講經天[illegible]
經一天所以一部其分二講明日所持七巻将分七座何者八
講八日代説是八年説若八年講寛久願開八座徹八歳説
畢可共旨明日分七巻成八軸為天開講天以八枚真珠奉
施為說偈曰
伊因縁綵飾世遠　流轉生死還　雖値外義立為
惟願慈悲垂[illegible]　[illegible]難　[illegible]聞[illegible]　法一句偈　三[illegible][illegible]

若彼十方偈　自然十方遍无數　若今門讃伊捨
身王在欲界第二天威光情無信之天勝利難思不可ゝ儀
無邊達上天十人明是况事開不可收今見在焉
是之摩識三藏傳大支經感應第六十七　出傳日録上文
三奈帝世中天竺國三藏法師曇摩識譯言法豐遺大支
並六十卷并戒本到始感心出傳舍屢告流本杭之命
寢夜有人寺識隨地驚　謂益如此三夕乃聞空中聲曰
此本解脱之藏何爲杭之識乃慚悟別安高處。年上盛

(50オ)

百花數莽覺之不能勝明且擁衛倚下以為重險階層之
求識謝
大唐恵嚴刑治定経感神靈應第六十八　出傳記并之
大唐恵嚴京師東安寺僧也嘗遍大花経文字繁多
于十才就成誦誦寫兩三遍以手同好因寢寐之際忽見
一人身長二丈余於氣偉麗謂之曰此是尊経而藏之于寺
得西外野韵一度根然不能誦三ノ已至未有汝心至明ノ
大道師人以百姓過之知汝是習作過非汝相と

〔一六五頁（32オ）へ続ク〕

〔一六二頁（30ウ）ヨリ続ク〕

巻中　法宝聚　裏表紙

巻　下

僧宝聚

三寶感應録巻下
甲

三寶感應要略録巻下

僧寶聚下

釋子非濁集

（1オ）

窺中法師造普賢像免難到京下度感應第八
高陸奕〻安義家普賢救療感應第九
上定林寺釋普明見普賢身感應第十
烏長那國達麗羅洲中弥勒木像感應第十一
潘陽紀亮造弥勒像感應第十二
尺紹譚造弥勒菩薩像感應第十三
尺人詮明造慈氏檀像感應第十四
菩樹下雨龜觀自在像感應第十五

（1ウ）

（2オ）

造千臂千眼観音像法延寺感應第廿四
罽賓国行千眼像法免難感應第廿五
大波羅門家諸少現等感千手千眼観音像第廿六
南印度国造不空羂索感應第廿七
淳州姚徐曲為亡親画観自在像感應第廿八
荊州趙文倚為亡親画六観世音感應第廿九
梁朝漢州善寂寺観音地蔵画像感應第卅
雍州鄠県李趙待為亡父造大勢至像感應第卅一

地蔵菩薩過去為女人尋其母生處救苦感應第卅二
唐益州法聚寺地蔵菩薩像感應第卅三
唐簡州金水縣劉侍郎家杖頭地蔵感應第卅四
地蔵菩薩救高提長者家悪鬼難感應第卅五
隷提國王畫五大力像免病感應第卅六
唐益州法聚寺難法安畫滅悪趣菩薩像感應第卅七
弋州惣因寺難妙蓮畫藥王藥上像感應第卅八
陁羅尼自在王菩薩於地獄鑊縁上説法感應第卅九

（3オ）

馬鳴龍樹師弟感応第卅
又道詮禅師造龍樹像生浄土第卅一
瑠璃又慧海畫无著世親像得天逆感應第卅二

文殊師利菩薩得名感應第一　出清凉傳王文

文殊師利舊云妙徳新云妙吉祥立名有二初就世俗曰瑞歎名此菩薩有大慈悲生舎衛國多羅聚落梵徳婆羅門家其生之時家内屋宅化如蓮花從母右脇而生身紫金色随地能語如天童子有七寶蓋随覆其上具有十種吉祥感應事故名妙吉祥一天降甘露二地涌伏蔵三倉变金粟四庭生金蓮五光明満室六鶏生鸞鳳七馬產麒麟八牛生白犢九猪誕龍豚十牙象

現一門以普因勝歎名二依勝義立名如金剛頂經說由
普身普榜一切法界等如来身一切如来有慧之等及一
切如来神変遊戯已由極妙吉祥故名妙吉祥也

文殊化身為貧女感應第二　出清涼傳

世傳昔有貧女遇齋赴集自南而来凌晨届寺携抱
持二子一犬隨之身無余資剪髪以施未遑衆食白主
僧曰今欲先食遽就他行僧亦許可命僮与饌三倍貽
之意令貧女二子俱足女曰犬亦當與僧勉施復與

女曰我腹有子更須分食僧乃憤然語曰汝衣僧食无
猒若是在腹未生若為須食叱之令去貧女被呵即
時離地倏然化身即文殊像犬為師子兒即善財及
于闐王五色雲氣靄然遍空回留偈曰苦瓠連根苦
甜瓜徹蔕甜是我超三界却被阿師嫌其說偈已遂隱
不見人在會緇素无不驚嘆主僧恨不識真聖欲以刀
剜目衆人苦勉方止令持貴賤親疎親貧富无二遂以
貧女所施之髮於其乗雲所起建塔供養矣

阿育王造文殊像感應第三　出感通記珠林等文

昔阿育王統領此洲與鬼王制伏諸龍甚更作地獄治人為獄卒文殊現入鑊中火熾水清生青蓮花心感悟即日毀獄造八万四千塔造立形像其數八万四千也此土東五臺山文殊金像此其一也

照果寺解脫禪師值遇文殊感應第四　出別傳文

五臺縣照果寺釋解脫俗姓刑本土人也一常誦法花并作佛光等觀追尋文殊於東堂之左再三逢遇初

則礼〻尋失後則親衆自海脱請問文殊曰大士如何利
益此五愚〻癡无智闡信離化有情文殊先言曰我一日三
時入破敵无魔三昧破此大衆生魔輩入智母三昧破遮
癡暗注地獄中一〻地獄現作佛身放光説法往餓鬼城
能施飲食令人所施入口為火炭唯我所施能益身心生天
解脱入畜生道除愚〻癡開悟智解皆令發菩提心解脱文
問曰何衆生得化度文殊曰盡我形像造我形像或〻手
爪或如奄羅菓口目發〻稱南无如此衆生易可化度同

全衆生難盡悲心以自業故難可化度又問脱如何是生
悟无生永无退落文殊曰汝往昔造我形像三寸許善根
既熟今何須親礼於我所自悔不悟解耳脱敬策聖旨
閉目内求乃悟无生重増法喜乃感諸佛現身說法矣
釋智猛畫文殊像精誠供養感應等五　出別傳人
又智猛少甚愚ニ數都无分別心其父為用錢卅文畫文
殊像令其子對像夢像放光明照頂光入頂覺後有自
然开智如此學法長生年廿五更覽經律等如文暗誦

文義元所不了出家之後財首起人号曰首經文殊化
作梵僧而来此土誦首經文

五臺縣張元通造文殊形像感應第六 新録

張元通信心貞固數顛造文殊像高三尺安置室内方
供養至夜三更梵僧両三手執香呂来至室内造像三
币忽然不見旋發信心供養香花明日々西像放光至五
更通夢見十方諸佛来集室内以妙花供養形像々
是本師以敬師故我等供養諸佛又以妙瓔珞供養

（7オ）

元遍海以信心造我師像故來供養遍夢中曰諸佛言
十方世界造文殊像及能畫之者諸佛皆向其處耶佛
言十方世界若有此事我等皆往供養之何以故我等
發心皆是文殊教化力也若有歸依文殊者超過歸依
十方諸佛即說偈言　文殊大聖尊　十方諸佛師　歸依供養者
超供養諸佛　說是偈忽然不見復見聖衆來迎吾
聖金色世界々遍在生之時隱而不語注遺書收相寺終
之後人披見之其像移照果寺靈驗見在之

宋路照太后造普賢并像感應第七　出冥祥記及冥感傳

宋路照太后大明四年造普賢并乘寶輿白象安於中興禪房自設講其年十月八日齋畢解坐會僧二百人于時寺宇始構帝甚留心輦蹕臨幸旬必數日僧徒對勅禁衛嚴肅尒日僧名有定就席久之忽有一僧豫于座汝風貌秀举圍堂驚矚齋主與語往還百余之忽不復見列莚同觀識甚神人矣

宋嶺仲法師造普賢像免難到京度感應第八　出宋法記

窺仲法師定州人也志望遂到印度尋發頗迷普賢像
祈請々普賢大士有恒順衆生願寧捨貪道誠志更
感夢普賢乘白象摩仲頂云汝有誠志將往印度若
有留滯我否救之夢覺歡喜與明遠同船而流南海
忽遭惡風欲隨羅剎國仲專念普賢其像現船上風
靜向師子洲又復遭摩竭魚難仲專念普賢々其像現
船上大魚合口而去免難到師子國更向印度見之主既
法師共詣中印度礼菩提樹更到竹林園遇之敬之恍如夢見

普賢〻〻吾依聖力満足本願獲六根浄无今生根任
遺書〻卒
高陵奉安義蒙普賢救療感應第九　出感應傳
安世義者高陵人也從少至長放鷹討鶴以為家業一日
所殺不知幾千月至月歳殺生都不可計算外見之人
〻〻安義好殺身无患生年五十有八忽發〻瘡〻痛濃血
穢身臭氣不可親附義婦日出之時見人〻瘡一〻〻蛇皆
似人鳩觜生希有心呼兒子見人皆〻似鳩觜更告親屬

凡有所見皆ゝ似鵄觜脣ゝ如動今時馳使者請僧道
後法師以明其状後曰此人鷹鵄罪報重積現身尚還
所姿令自非悔力甚難救療後問安義曰方心本何答
身心如舂悶目見無量歎嗟呰餐骨肉顛師見救療後
曰現苦如此况復長苦須懺其罪義言頓舎慈訓後曰
造普賢像方得謝愆如斯之頃悶絶氣絶親属涕泣
後勧造形像於普賢懺三日方離ゝ吾為見馬頭牛
頭怒目擅制掣ゝ汝愚氣來人所飲之生鵄鶏奪鼓入身咽

詣彼肉麻等五人在廳各々訴非分奪命王依　状遣
使笑召問不可遣根見返縛罵入大車中忽將還途中元
奈何事値一人沙門楷摩其身勢大苦暫之見遂至王廳
見百千万億舎歎栩栻枷鏁而縛及罪人今時先沙門
来王從座起合掌而立沙門入廳就座王次入坐沙門
云此人是我檀越親属為供養我而悔其罪將放赦
之王何師所言不可堅相令依所致有情　方召勘之
此事如何沙門曰朋友知識在人間為彼懺悔迴向彼

（10オ）

諸所致生類怨者皆解怨了乃脱苦王曰實如師所説
宜將放還王從座起礼沙門曰阿師共還今時沙門將女
共出忽見古家以錫開口入女欻然不見是時親属誦
安曰為海造像々即救女聞此語喜悲々受集身瘡々乃
愈々柔力調和更捨所有借養其像刻髮出家誠家
族、子孫白以電露身莫犯重罪致一生命多劫受殃
其事皆實不可免過雖留此言不示去之又之人
上宮之林寺釋善明見善賢身感應第十　出居像傳

唐上林寺釋善明讖誦為業誦法花經毎至勸發品
輙見普賢乗白象王在其前云矣

烏長那國達麗羅川中弥勒木像感應第十一　出外國記

北印度烏長那或云烏林達麗羅川中有精舍刻木造弥
勒菩薩像金色靈光潜通長十丈余佛滅後未由田地
大阿羅漢之所造也尊者作此念尺迦大師以滅ニ度ニ弟子
遠房旃勒三會脱者多是尺迦遺法中一稱南無者
一搏施食人也菩上生兜率宛也依何見真容但恐

造像不以妙材即以神力携刻王近昇兜率天面見人
其相三返以核方就造功在天之時弥勒告末田地言
我以天眼観見人三千大千世界其中无有造我像者奉
遣青衣質資其功彼人決定不堕悪趣我成仏時
其像為前導来至我所今時讃言善哉汝等衆人
迦匠像未造我想似像刻来至我所今時像昇虚空
放光説偈聞者流涙得三年道果末田地茶受白海
功乃畢焉自有此像法流東去矣

洛陽江夷造弥勒像感應第十二　出僧傳

晉世有譙國戴逵字安道逵第二子顒字仲若素韻淵澹雅好丘國既負荷悲真亦継志功逵毎制制着像共参慮洛陽江夷少与顒友夷嘗託顒造観世音像致力罄思欲令盡美而相好不圓積年不成後夢有人告之曰江夷於観音无縁可改為弥勒戴即停手馳書報江信未及發而江書已至倶於此夜感夢語事符同戴喜於佛神應即改為弥勒於是

觸手成妙功不暫思竟韻圓滿俄介而成有識讃從
感悟因像之迹善矣
又紹譚造彌勒菩薩像感應第十三　新録
又紹譚少而出家有義業于嘉參常願生兜率天作
兜率天宮觀注義源四美〻夢青衣童子告譚曰師
若欲生兜率天奉見慈氏大士方可造形像觀真容
貴即刻木為像生年七十有餘而卒臨終之時告徒
衆曰我所造像現虚空中従像生天矣

又詮明造慈氏并三寸檀像感應第十四　新録
又詮明法師發願造三寸刻檀慈氏并像祈願生兜
率天著上生經抄四巻〻以明趣至夢其像漸長大金色
光明赫奕對明微笑明白像言我本願求生兜率天將
得生不像言我既得又逆文大師要契付屬不令尚不
捨之況有今願作是言已還復本像明秘不語他人
後見遺書中記其感應法終〻時傍人夢見百千青
衣人来迎明指天而去矣

（13オ）

菩樹下兩軀観自在像感應第十五　出西域記

佛涅槃後諸國君王傳聞佛説金剛座量遂以兩軀観自在菩薩像南北標界東面坐聞諸耆舊曰此菩薩像身没不見佛法當盡今南隅菩薩没過胸臆矣

玄奘法師大宋皇帝貞観三年己丑八月首途西域周穆王滿五十二年壬申佛七十九以二月十五日中夜入滅向来至首途年一千五百七十八年矣

摩掲陁國孤山観自在像感應第十六　同記及慈恩傳

摩掲陁國孤山観正中精舎有観自在像軀量雖小威神感肅手執蓮花頂戴佛像常有數人斷食要

心求見𦬇七日二七日乃至一月其有感者見𦬇妙相莊
嚴威光赫從像中出慰喻其人昔南海僧伽羅國王
清旦以鏡照面不見其身乃覩摩揭陁國多羅林中少
山上有此𦬇像王深感應圖以營求既至此山寔唯有
似因建精舍興諸供養其後諸王供養不絶其供養
人從諸來者金盤汗尊儀者去像四海各七步許竪木
构欄人來禮拜皆於欄外不得近像所奉香花亦遠
斯散其得花住𦬇及樹臂者以為吉祥以為得願云

哭法師發往求請乃買種々花牢之為騰將到儞所至
誠礼讚訖向菩提發三願一者於此世子已還歸本國得
平安无難者願花住尊前二者所祇南願生覩史多
宮事慈氏菩薩如意見者願求貫樹尊南顧三者聖
友稱衆生界中有一分無佛性之者今自疑不知有
若佛性修行可成佛者願花貫尊頸語訖以花達
散感得如言既滿所求其傍見之者言未曾有當来
若成道者願憶今日因緣先相度耳

戒賢論師蒙三菩薩誨示感應第十七　出慈恩傳

玄奘法師至摩竭國入那爛陀寺値遇戒賢戒賢乃号為
正法藏賢命覺賢法師曰汝可為衆説我三年前病
惱因縁覺聞已啼泣拭淚而説昔縁云和上昔患風病
毎發手足之惱忽如火燒力刺之痛乍發乍息凡廿余
載去三年前苦痛尤甚厭惡此身欲不食取盡於夜中
夢三天人一黄金色二瑠璃色三白銀色形貌端正儀服
輕明来問和上曰汝欲棄此身耶經説身有苦不説

（15オ）

厭離於身汝於過去者曾作國王多悩衆生故招此報今
宜観宿僁至誠懺悔於苦忍勤々懃々當從偽自當銷
感直今厭身苦終不盡和上聞之誠礼拜其金色人指
碧色者語和上曰汝識不此是観自在菩薩又指白銀色
曰此是慈氏菩薩和上帰礼拜慈氏問曰戒賢常願生於
尊處不知得不歡曰汝廣傳正法後當得生金色者
自言我是曼殊室利菩薩我等當見汝空欲捨身不
為利益故来勸汝當依我語顕揚正法瑜伽論等遍

及未聞汝身即漸安穏勿憂不老有支那國僧玉通
大法欲就汝學汝可傳之言已見自今已来和上所苦
瘳降僧於聞者莫不稱歎希有之事可聖記矣
或日王子感観自在像之應第十八　出西域記十文
東印度金耳國王名月害羯若鞠闍國王名王增大
臣并可勧進先王之子亡君之弟或日爲王太子收
不許即詣殑伽河岸観自在菩薩像前斷食祈請菩
現形曰汝於先身在此林中爲蘭若比丘而精勤不懈

兼茲福力為此王子金耳国王既毀佛法命治王位宜
重興　慈悲為志不久之由王五天下度境於是受戒
而退龍王位一々如聖言卅年兵戈不起矣
南天竺尸利蜜多観音靈像感應第十九　出軽智徃傳 出文
秦姚興京地沙門軽智徃遊西域廿年至南天竺
尸利蜜多𦬇塔側有精舎破壊日久中有金色観世
音𦬇像雨霜不湿像身誠心祈請見空中無傳聞
於耆舊曰昔有𦬇名曰尸利蜜多𦬇為壊慈悲

無済冣悲三途受苦衆生更發造観世音像三ヶ年
畢功霊異感動若專心祈請為現妙身栢海两願
并於其像而作是念観世音菩薩感廿五有苦於中
三途冣重苦霊像感通助我檮顛將救重至夜三更
霊像放光明天地朗照光中具十八泥梨受苦及卅
五餓鬼城苦卌億畜生苦霊像頓現百千軍騎帶
金甲各々執持杖刃戈棒八十八泥梨始自阿鼻異旦
次第權破鑊湯苦具ヨ等斷壞尒時牛頭馬頭等一

（17オ）

切獄卒皆生悲怖心捉棒捨苦器馳走向閻魔王城而白
王言忽有百千騎兵軍衆帯金甲執持戈刄権破
器断壊苦具地獄変作蓮池苦器悉作蓮花一切
罪人皆離苦悩未曽見是事如何所作王曰将非是
観世音所作事耶我等所不及也即合掌向彼方説偈言
帰命観世音　大自在神通　示現百千軍　能破三之器
如此破壊十八泥梨已杪化而為説法次入餓鬼城右
手流五百河左手流法又復入畜生以智光明破愚

發心而為說法三途在一時尸羅蜜多見人此常有事
自畫像像　石而注其畫像者即是此像也
私云此事希有非大聖變皆難信究檢新譯大乘寶王經有此說云々
相更勘彼文今欲勸進且録侍人
晉居士劉度等造觀音形像免害感應第廿　出冥祥記
晉劉度平原遼城人也郷里有一千余家并奉大法
造立形像供養僧尼值虜主木末時此縣常有逋
逃木末大怒欲盡滅一城衆并凶懼分死旅書度乃潔
誠率衆歸命觀世音頃之末見物從空下遶其所

住屋柱驚観乃觀世音經便人讃之来大歡喜閑用
者利剽於是此城郭宛定
尺人道泰会觀世音并増壽命感應第廿一 出梁僧傳及本記感傳十文也
魏常山衡唐精舎尺人道泰元魏末人夢人謂曰尒至
其年當終於卅二矣泰寤懼之乃至其年遇重病
甚憂之以身資為福有文人曰今國供養六十二億
菩薩与一稱觀世音福同无異君何不至心歸依可以
增壽泰乃感悟遂四日夜專精不絶所坐帷下忽見人

（18ウ）

光明従口外而入見観音足趺躶同金色朗照語李曰
若持威厚之恭亦能傳若過現縁浅少者亦无験若
發帰命心當知持威厚若同不稱念當知宿縁浅薄
汝念観世音耶比李寒推頭便不復見悲流汗便
覺身軽所患愈聖力所加復終延矣李
魯郡女供養観音木像感應第廿二　新録
魯郡有孤女住精舎放地於麦田中見木似聖像收
置草屋其木像出處麦藂滋茂女誦像力以所養

上分而供養之後遭疾而終一日一夜還活以屋地施
精舎以身服造観世音像常住供養人佐問曰女答
我死見両人収大車上而持去忽有一沙門立轅檟
壊語持車人曰我代此人是我檀越持車置於地令
掌白言大士是吾不測王試當放此女即出火車奉
上沙門々々將吾帰屋今時白沙門言師誰救吾答曰
我是観世音菩薩也汝識不麦田中枯木即我像也又
来女見此利益不惜田屋而已

憍薩羅國造十一面観音像免疫癘感應第廿三　出西国伝
佛滅度後八百年中憍薩羅国中疫癘流行病死半分
經歴三年不得免王臣共議立壇祈請十方世界天上天
下有大悲者忽来救難尓時夢見聖像具足十一面身金
色光明照耀舒手摩王頂云我以十一面守護王國夢
覺告臣王人民一日中造十一面観音像一時免難以是已
後一百年中未遭此難矣
造千臂千眼観音像法逗寺感應第廿四　出千臂経中

昔波羅奈国有長者唯有一子寿命人〻得十六至年十
五有婆羅門巡門乞食見長者愁憂不楽夫妻推
悴面無光澤婆羅門問曰長者何為不楽長者説向
因縁婆羅門答言長者不須愁憂但取貪道之分
子寿年長遠于時婆羅門作此儀法用千餅沉一日一
夜得閻羅王報言長者子寿年〻今十〻一〻今已五十唯
有一年今遇善縁得年八十故来相報爾時長者夫
妻歓喜投捨家資以施衆僧当知此縁法不可思議

罽賓国行千臂千眼像法免難感応第廿五　同経
昔罽賓国有疫病流行得病不過一日二日并死有
婆羅門真諦将此像法施行救療応時消滅行病鬼
王出離国境矣
大婆羅門家諸女見士感千手千眼観音像応第廿六　出外国記
昔有一沙門奉行大法次第乞食至大婆羅門家時婆
羅門家中遇此沙門已屋棟梁摧折打破水瓶食器牛
馬絶羈四方馳走尒時婆羅門誦不祥々々人来入吾家

有此豪佐沙門問之答婆羅門曰汝頗見汝家兒子等
腹脹面腫身重之疫鬼所悩不婆羅門言我先見之沙
門復言汝家門有悪鬼夜叉及人精氣令汝家内有
疫之疾是諸鬼等以畏我故逃避有此事應時兒子
諸悩方性婆羅門言汝有何力沙門答曰我以親近如
来大法頂戴千手像有此威神婆羅門夫婦聞已歡喜
供養之矣
南天竺國造不空羂索像感應第廿七　出西域

南天竺度有女国名摩訶剌佗其去俗有見若載有惡之
載昔国荒無歳君臣不保壽人民亡王遣使請中天竺
尸羅蜜多羅救国実蜜多来至此国白王言有大聖不
空羂索観自在大王方造像安置城西南閣王受之
即造形像安置城西南閣像放光明照一由旬王臣保
壽五穀豊饒人民従全国繁盛甚像有城南故寺即
移閣為寺云々
涼州姚徐曲為亡親畫観自在像感應第廿八

涼州徐曲姓姚代女長父母不識恩分長闇報是像両目
流淚更畫千手千眼觀自在木六觀自在像於舊宅
而供養之経一季半無後感明年七月十四日夜夢空
中呼徐曲不識所由作同是誰答我等是汝餘友親也我
等落造悪業俱墜地獄吞熱鐵丸去年二月十八日六口
沙門威光赫々入地獄城獄卒見生敬心敢不遮尋入地
獄已放光明為我等説法初无識知漸々放誘没生
天上者百千人我等生第二天初知汝是然天上受樂

無同伴事易已是故遅来徐曲曰以何為様耶是父母
答汝不信言者将見蔵中黄箱為汝収金銭百九語已
元音明見蔵箱誠如所言喜々更集見畫像曰特雅合
天云々

荊州趙文侍為亡親畫六観音感應莭九 出司命志

趙文侍者荊州人也甚父母耶見不信三寶父侍事
親世音父母亡後作是念言吾雙親耶見不信不知何
處須畫六観音像将救六道父母之一不入其数耶雁

（23オ）

巧手畫六觀音像未加采畫夜夢見六観音父侍合掌
白六観世音言願慈悲者將知父母生處今時大悲観音
告父侍汝父在大焦熱地獄受燒者火苦汝畫我像
我往彼地獄放光説法救地獄苦大慈観音言若移餓
鬼我當救済但母正在餓鬼我往彼處手雨甘露令得
飽満而為説法師子无畏観音言若移畜生中我當済
救之大光普照言若移阿脩羅中我能救之天人丈夫言
若移人道我與淨土道路大梵深遠言若生天上能救

退没苦出三有界六観音説如是語已忽然覚悟更
蕭條方成放光遠見即有如燈光進見即滅又感夢
多二人丈夫乗紫雲来下告侍言我等蒙観音夜潜往
生浄土門者皆誦文侍文母来告焉
梁朝漢州徳陽県善寂寺観音地蔵畫像卅 出別傳之文
梁朝漢州徳陽県善寂寺東廊壁上張僧繇畫
観音地蔵各一軀状若僧貌斂披而坐時人瞻礼矣
光壊発至麟徳元年寺僧瞻敬歎異於常是以撓循

親礙上模寫散將供養發心无定時人展轉模寫
者甚衆麟德二年王記起任資刺史當以模寫精
誠供養同行般有十餘人忽遇惡風頓起九餘人般沒遭
此波濤唯王記般更无恐怖特知并私大慈悲有以是
之力焉至垂拱二年天后聞之勑令盡又模寫之發心
前於內道場供養至于大周元年寶壽寺大德於道
場中見放光定之相寫表聞奏又三即乃虔心頂禮讚嘆
其光并現時國當安泰於有商人妻任娠得廿八月不

産忽覩光明便得模寫一心發願於菩薩當夜便得
便生下一男胡好端嚴見者歎美云々人未文
雍州鄠縣李趙待為亡父造大勢至像感應第廿一
李趙待者雍州鄠縣人也其父發悪見撥无佛法夢
感神責吐血而死趙待奉自歸心大勢專志念佛
更為救父苦造三擧勢至金像始能就刻彫日大
地震動人皆誦地震推吉凶經二月功方畢夢見金
人頂戴寶冠云汝識先地震不我是大勢至菩薩汝

造我像我起汝請來入世界時舉足下足大千震動
三悪衆生　得離苦我依令佛門入无生忍城妙收十方令
佛流生汝造我像畢終令佛其父離地獄苦我授手迄
淨土國是語時舉自發驚禮忽從夢覺侍悲喜受
集備令莫癡云々
地蔵菩薩過去為女人時其母生救苦感應第卅二　出本願經
過去不可思議阿僧祇劫有佛号覺花定自在王如
來像法之中有婆羅門宿福深厚衆所欽敬其母

信邪常軽三寳是時聖女廣設方便勸誘其母令
生正見而此女母未全生信不久命終魂神随在无間地
獄時聖女家賣宅廣求香花及諸供具於先佛塔寺
大興供養瞻禮尊容私自念言佛名大覺若在世時
我母死後儻來問佛必知處所時彼佛以聲空中告
言聖女勿至悲念我今示汝母之去處又但早返舍端坐
思惟吾之名号即當知母所生去處又時聖女即歸其
舍以憶母故端坐念彼佛名経一日一夜忽見自身到

一海過其水涌沸多諸悪獣盡復鐵身飛走海上見
諸男女百千万出没海中被諸悪獣争取食敢人見
夜叉其形各異特聖女問一鬼名无毒言答言此是大
鐵圍山西面第一重海聖女言我聞此山内地獄在中是
事實不无毒答實有聖人又門此水何縁而佛多諸
罪人鬼言此是閻浮提造悪衆生新死之者経卌九日後无
人継嗣為作功徳救苦難生特又无善果當據本業所
感地獄自然先度此海之海東去万由旬又有一海其苦

倍此彼海之東又有一海其苦復倍三業悪因之所招感
苦号三途業海聖女又問地獄何在答曰三海之内是大
地獄其数百千各各差別聖女又問我母死来未久亦
知生何趣鬼王言菩薩之母在生習何行業女言我母邪見譏
毀三寶設或暫信従又不敬鬼王言母之姓氏何女言我父
我母倶婆羅門種父号尸羅善現母号悦帝利鬼王言聖者
却返无至西方憶悲戀悦帝利罪女生天以来經今三
日承孝順之子為母設供修福非唯菩薩之母得脱此日

（27オ）

罪人悉寿受楽倶同生天訖聖女如夢帰悟此事已便
於覚花定自在王如来塔生廣設方便使令解脱時鬼
王无毒者今財首菩薩是婆羅門女者即地蔵是也
唐益州法聚寺地蔵菩薩畫像感應第卅三　出珠林記
唐益州郭下法聚寺畫地蔵菩薩却坐縄床垂脚高八
九寸本像是張僧繇畫至麟徳二年七月當寺僧圖
得一本放光出没如似金環大同本光如是展轉圖
寫出者類皆放光當年八月勅追一本入宮供養現

令京城内外信書者供養并皆放光信知佛力不可測
家刻一本不刻可記
唐簡州金泉縣劉侍良家杖頭地藏感應菩薩新録
簡州金水縣侍良姓劉氏有目縁往隣家途中拾杖見
頭刻像不知其像持歸挿壁中多歳不会所置後遭
疾而死心胸少暖不葬之経一日二夜還活流淚悔過
自責投身大地家人問王何故爾答吾初死之時两
騎冥官令二刑与後十驅去至王廳王怒自哥観時有一

(28オ)

沙門於日魏都来至廳王見敬之從座而下胡跪白沙門
言大士何因縁来至此沙門曰汝所召待即是年来施
主也今欲救之王言葦既决定此事〻何沙門曰吾十一月
於忉利天上受釋迦如来付属誅救定業衆生寧捨待
即王言大士忘願堅固不動如金剛山須放還人間沙門
歓喜執即了遂至王路辞即而別即白沙門言不知
君何人申沙門曰吾是地蔵菩薩也汝昔生時途中見我
像持帰豈置寺中続憶念不作是言已忽然不見既見

既見此地利檀菩薩過自責而已罔者数々見壁有
杖頭像共加刻像高五尺像放光毎夏家内捨為精舎
号地蔵院云々
地蔵菩薩救高提長者家悪鬼難感應甚　出地蔵大道心駆策法本文
昔此未在霊鷲山時地蔵菩薩遊行諸国教化衆生到
毗富羅山下至高提長者家其長者家内被鬼奪其
精氣其家有五百人等皆同絶而不覚悟経千旬
日時地蔵菩薩見此事已即作此念言々寶可苦拔寶可

（29オ）

誦哉世間有如是等不可説事我今慈此衆生而作
救済説此語時便即騰身而往霊鷲山至如来所白
言我遍遊行諸國教化衆生至毗富羅山下見人告作爲
相長者家有五百余人皆被悪鬼奪其精氣同絶
在地已經數日我見之心生慈悲心生哀愍一唯願世尊
許我説此之救済之法諸悪鬼降伏於人令諸行者隨
意聽住復令長者還得如故尓時世尊從於頂上
毫放光一切尋坐藏身是時大會之衆各相謂曰今

見菩薩救之堅并見此菩薩若成大法ヲ化衆生時地獄菩薩白
佛言ヽ我今有一神咒能令人邪心復駈使諸悪鬼等我於
過去无量无邊久遠有佛号曰燈光王其佛滅後於
像法中我作凡夫地有一仙人在倶特羅山善行道術我
見衆生被諸悪鬼所悩如彼長者家无異也我於
尓時作是誓言願遇知識當ニ降伏之法説ヽ語
已即往倶特羅山語彼仙人ヽヽ見我心生歡喜即便
諮問彼仙方法尓時仙人於三日間令我開解脱頂智方

平消白心善悪又一切悪鬼并集我所依師慈閑伏其
心令發道意於須臾間一切地獄受苦衆生各蒙蓮
花諸苦停息尒時仙人見我得如是神　力与我授
記而作是言汝於无量无邊世佛与授　記名毘地
藏於五濁世中人天地獄常當化身救度衆生令出災
難今見長者如本无異我今往彼家将救護之世尊
聴許并往化五百余人一時還活也
亦提廻画五大尊像免鬼之病感應第卅六　新録

忘望十[illegible][illegible]傳說佛滅度千二百年中菩提國百鬼乱入
疾疫流行人民ミ病ミ痛致死甚多王臣大ミ相議云若
无上法王王及大力守護我等國土然我等宿運不
幸上[illegible]嚴法王十力勅下乱國土寶祚進取先王退眀
後王以何除嫉惟ミ力免其禍時智臣白王須ミ立大
菩像設仁王會ミ護國寶祚除人民其害以勿年
月八日勅國中人民令ミ面立大力菩王及以上妙細疊
盡之呈ミ後初更像色方滿金剛波羅蜜多菩薩放五色

(31オ)

光金剛寶菩薩放白光金剛手菩薩放青光金剛夜叉菩
薩放五色光金剛利菩薩放金色光自此照曜一國土中如
晝王臣歡喜遇光者身心安樂諸悪鬼神見光亢出
國若入死門還得蘇治若当時之病者消除方安一時
之中國内皆得安隠身心快樂如入禅定至三更像方
収光後其二年此國鬼百日之病毎季法式初月八日設仁
王会斎 僧春五大力菩薩 將三百歳相續不絶矣
唐益州法聚寺人法安之画滅悪趣菩薩像感應第卅七 新録

以法五作法聚寺修方等懺畢日専修更无微應
於請像一所云中失自責夢見天冠神語女云汝有重
罪懺悔所資女問何等重罪神曰犯用常住僧物
此罪難滅女曰更有滅罪方便不神曰更盡滅悪趣行
像専誦随求明呪漸微薄行方等懺悔障除得見
佛化身夢覚流涙更盡滅悪趣并像専供懺悔两
目即得見化佛生年六十七方亭臨終奇瑞甚多矣
代州惣因寺尼妙蓮畫薬王薬上像感應第卅八　新録

天妙道住物恩曰寺誦法花經為業常願生兜率天上
奉事彌勒菩薩更畫藥王藥上二菩薩像祈願感應生
年七十有余少微疾頓發語師友言化佛來迎說此
言汝畫藥王藥上二菩薩像若有人識是二菩薩名字
者一切人天亦應礼拜此不久必生兜率内院奉事慈
氏菩薩々々不久々内尊矣
德羅尸自在王菩薩於地獄中鐵床上說法救苦感應卅九　新録
宋貞觀寺沙門惠生是惠如禪師弟子專誦大乘之道

（32ウ）

一日一夜不動以入禅定及暁更開眼悲歎交集流淚
汗垂衆僧問所由答曰吾被請至閻羅王宮王從座而
起来敬語阿師見地獄不答雖聞其名未見其實乃
勅使者遂令去於東方次第見卅二大城一々中皆有
地獄受苦之輩多是沙門於鐵鑊縁上有一沙門説法
示教利喜四衆人即問云何人於地獄中説法沙門答我是
陀羅尼自在王菩薩於此大大鐵圍中有无量沙門地獄
貪著世利犯佛戒品聖衆同宿住織伽藍无慚愧

心虚ク受信施不浄説法誑或世間如斯等罪皆感於
獄果我以悲令彼諸沙門盡ニ懺シ罪或於鑊縁上或
於鐵車上随所而為説法令憶念昔所犯罪并慚愧
発露懺悔過自責自見聞此事是故悲喜聞者歎矣
改悪善多々矣

馬鳴龍樹ノ二菩薩感應第卌　出本事因縁論

昔迦葉佛出世之中特ニ有一長者名曰輪秀有女名
曰殊他如是二人各以七宝献迦葉佛請其ハ副息合

時世尊告二人言汝過去還本國汝等所請求十七日已經
當得成就所願滿足今時二人頭至地礼佛却返本處
第十七日竟已滿足其日夢中被珠他女即得好夢甚
大歡喜无所辭喩所誦第一明放日輪可来入腹中
第二躍可滿月之輪来腹中得此祥者已經九月即生
二子兄名曰珠弟名月珠鏡随其二前相之名字故如
是之二子歳至一七日即俊出家謂迦葉佛世尊備其行
法常作是願生處不相離同學知識奉為師弟建立

(34オ)

正法具足妙行念一覺海昔日殊者今馬鳴菩薩是月
鏡者今龍樹菩薩是也以此事故此二菩薩不相捨離俱行
轉出現大千人利益衆生也
金剛正智經中馬鳴過去成佛号大光明佛龍樹名妙雲相佛大莊嚴三
昧經中馬鳴過去成佛号日月星明佛龍樹名妙雲自在王如来文
又道詮禪師造龍樹菩薩像生淨土感應第卅一　出淨土傳
又道詮不知何處人也少有義學兼善參以智福為心要以
龍樹為所依咨發願云大士龍樹菩薩佛誠言詮敬書地
往安樂國補特伽羅十方欲生願棄穢懇心得生彼國

両人迭互々像香花供養專心祈願夢感一沙門云淨
土業華之宮之元穀都境三年方往生安楽国詮云我有
師於之寧並捨壽與壽若以沙門日須自阿弥陀佛還来
告其實夢覺見蘇初請我及師文捨壽先境經三日
境之復夢三刖沙門々不告詮曰以汝云白阿弥陀佛々言
汝師却境十二年方寧海文却境十七年方寧々汝
母却境廿年方寧但以願微妙須延二年壽加廿
年却境廿三年方生與国佛故以斯詮復同手父母歸

支生淨土不答同心發願若生无殻陰歡喜後問君
何人答我是龍樹付法藏中第十三師也告遣我儀頻來
告之其後廿三年三月十五日丙子其父母支七皆同佛
記明知同生淨土陰臨終之時紫雲蓋天香音樂聞
空奇瑞非一見聞在實矣
淄州人金東海畫无著世親像得天迎感應第卅二　新録
人東海者同法相淳朗從法宗自畫无著世親思慕而
人深妙於攝論唯識頌求決疑夢二人童子來告曰

汝當生兜率天汝所當无著世親在彼天上慈氏并
以并ゝ為侍者海曰吾不欣捨壽暫在人間住持遺教
天童子曰汝從我暫往兜率天使所殼已後天童里往
兜率天見卅九重摩尼殿青衣天人充滿其中進入
内院見慈氏及无著世親皆俗服語海曰汝不可礼我
等在家出家尊卑不同須諮同所殼海述所殼慈
氏使二侍者為令人通復從天童里来下廣弘佛教訖
秘此事不語他人没後遺書中注載之今傳聞録之

(36オ)

自余感應繁不能具述今畧録三五以示信徴發願
偈曰
已依集録及口傳　畧録三寶感應像　乃至見聞讃毀者
因斯利益出生死　入迹業末法中　一同三寶生大信
三世罪障盡消除　當生必見諸聖衆　願録感應諸功德
迴施法界諸有情　令獲勝生增福慧　同證廣大三菩提

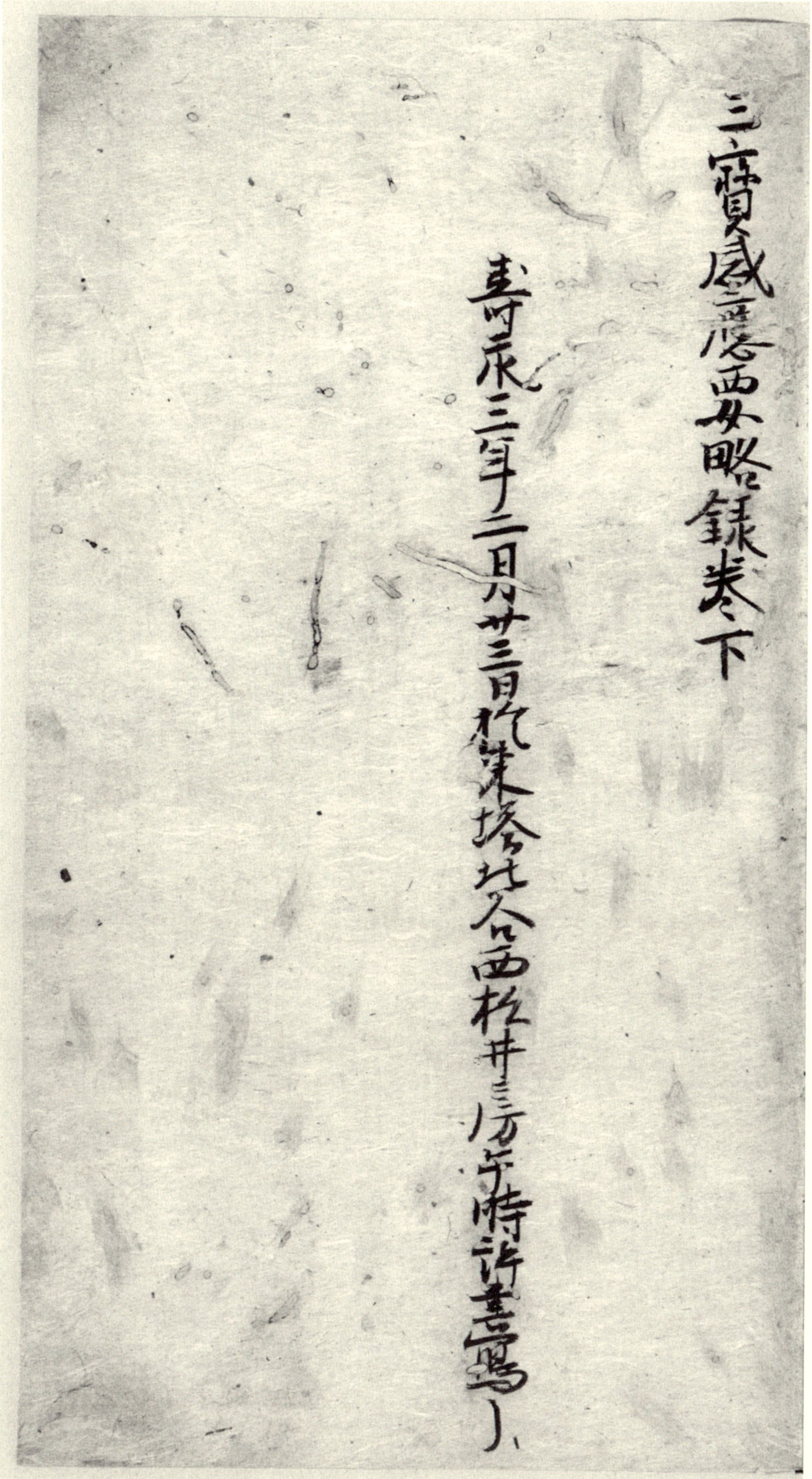
三寳感應要略録巻下

寿永三年二月廿三日於東塔北谷西松井三房午時許書寫了

（37オ）

参考図版

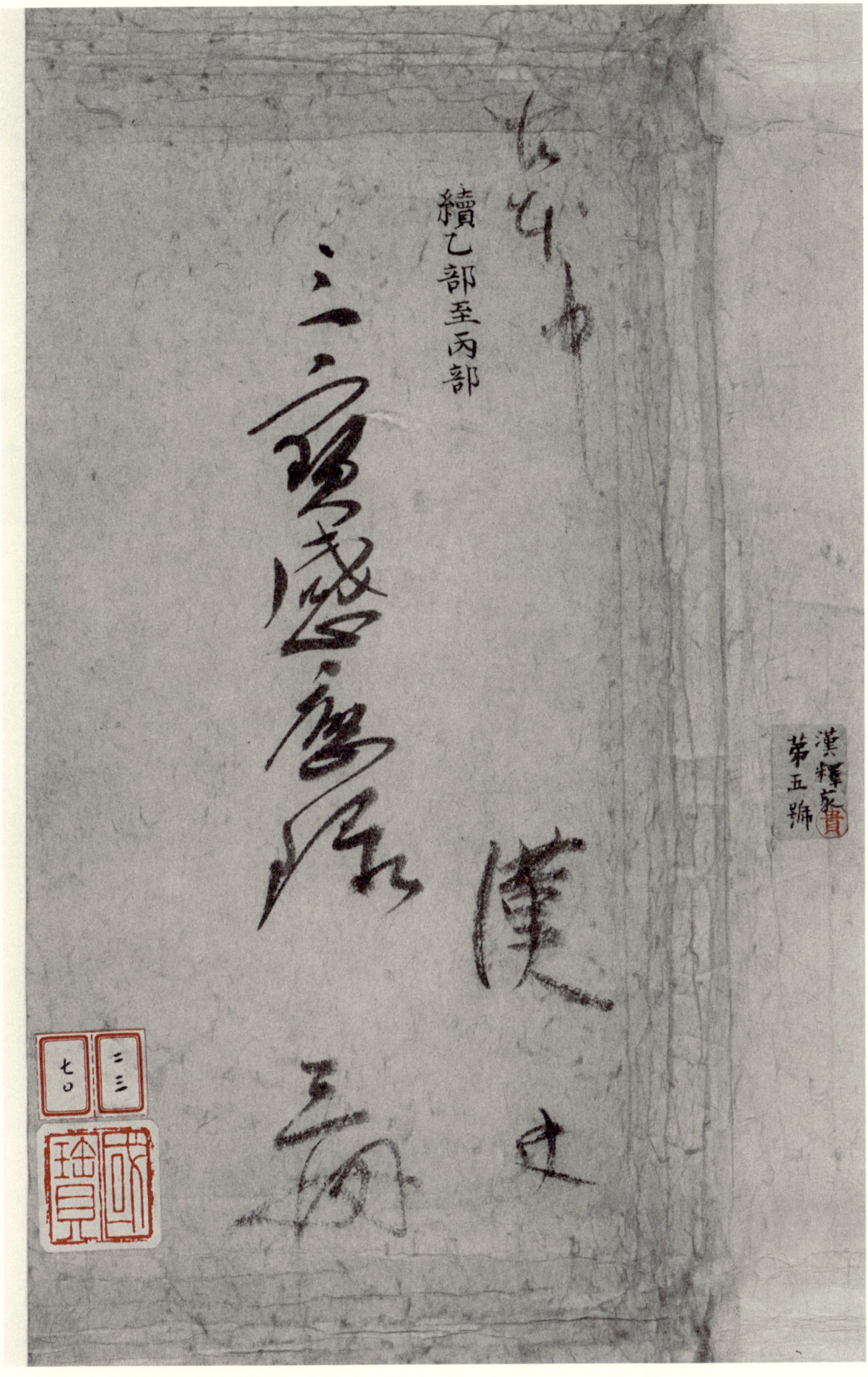

包紙１の上書

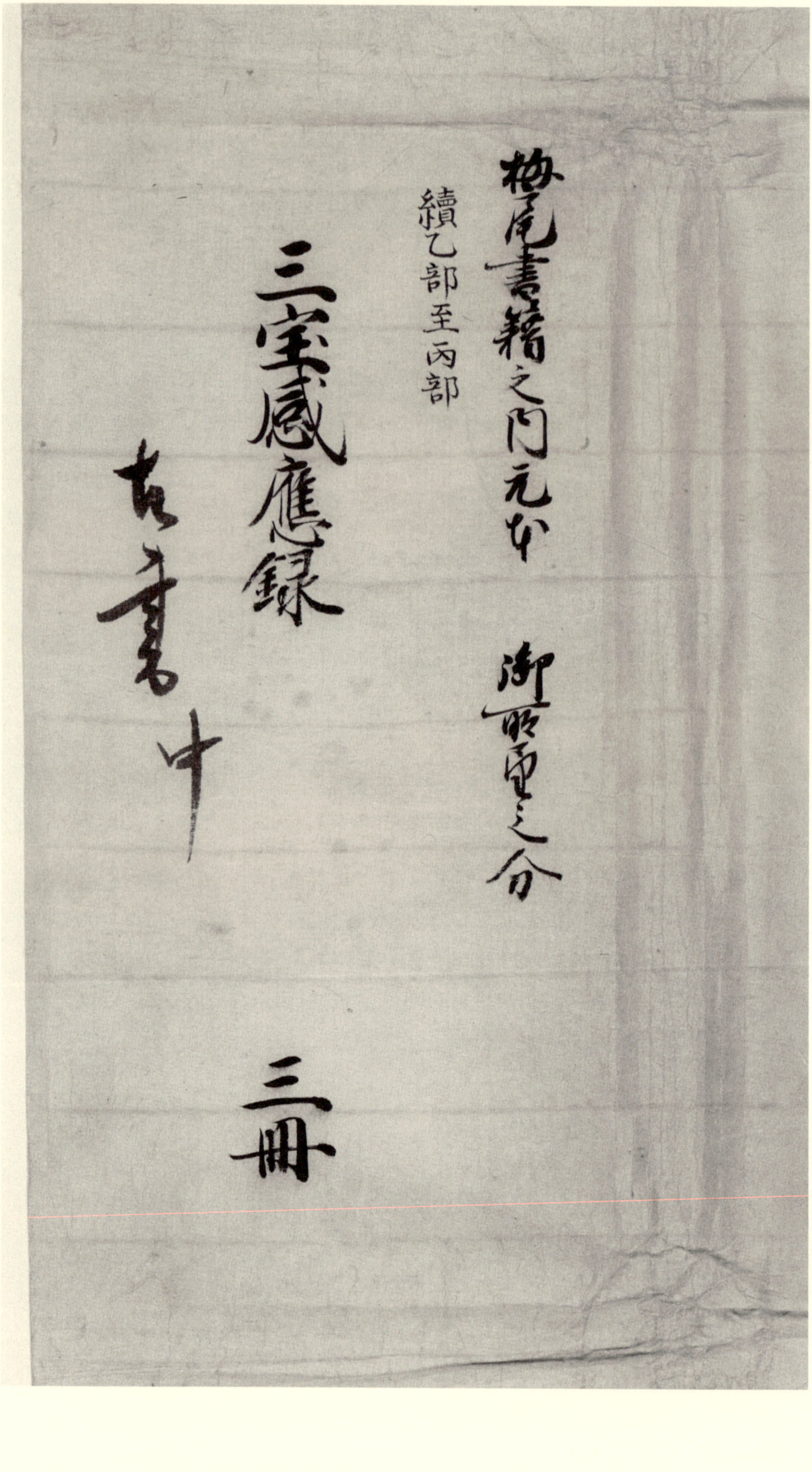

包紙２の上書

尊経閣文庫所蔵

『三宝感応要略録』解説

田島　公

はじめに

『三宝感応要略録』は、遼の高僧・非濁（?～一〇六三）によって編まれた、「感応」すなわち信仰の真心が仏に通じて利益があることを記した霊験譚を仏・法（経典）・僧（菩薩）の「三宝」にジャンル分けし、その「要略」（あらまし・概要）を記した仏教説話集であり、合計一六四話を撰聚・採録したものである。末世の人々を仏教信仰に導くために『冥報記』『（大唐）西域記』『（続）唐高僧伝』『（往生西方浄土）瑞応伝』など中国の先行諸書から感応説話を適宜抄出・収集し、三宝の霊験を説いている。末法が意識された唐・宋時代に輩出した一連の仏教説話集の系譜を引くものである（小峯一九七九）。

本書は中国大陸では早くに失われたが、非濁の没後程なく日本に伝えられたものが幸いにも遺り、『今昔物語集』を始め、多くの仏教説話集・唱導集などに引用されるなど広範に受容された。院政期以降の仏教文学・説話文学に与えた影響は極めて大きく、手軽な天竺（印度）・震旦（中国）の仏教説話集として重用され、慶安三年（一六五〇）には、版本が刊行されるほどであった。特に『今昔物語集』巻六～一〇震旦部の説話（但し巻八は欠）の多数が『三宝感応要略録』から採録され、翻案されたことは、岡本保孝（一七九七～一八七八）の『今昔物語出典攷』（岡本一八六〇）以来の重厚な『今昔物語集』の研究史の中で明らかにされてきた（池上一九七九）。

中国大陸の東北部、遼で編まれた『三宝感応要略録』が日本の院政期以降の仏教書や仏教説話などに大きな影響を与えたことを実証した重要な研究に塚本善隆氏の研究がある（塚本一九四四）。また、日本におけるその受容に関しては、中世説話文学全体における受容の実態を初めて中世の知識体系の中で見通した池上洵一氏の論文がある（池上一九七九）。その後、近年の李銘敬氏の一連の研究論文（李二〇〇五）に至るまで、数多くの研究が積み重ねられてきた。

一方、『三宝感応要略録』の古写本に関しては、塚本善隆氏によって初めて識語などが紹介された寿永三年（一一八四）書写の本書高山寺旧蔵前田育徳会尊経閣文庫所蔵本（以下前田家本と略称）は、小峯和明氏によって本格的に学界に紹介された（小峯一九七九）。そして、近年、前田家本を底本に翻刻し訓読を加えた小林保治・李銘敬『日本仏教説話集の源流』資料篇（小林・李二〇〇七）及び仁平元年（一一五一）写の金剛寺本を影印し翻刻・訓読を加えた大阪大学三宝感応要略録研究会編『金剛寺本『三宝感応要略録』の研究』（大阪大学三宝感応要略録研究会二〇〇七）が相次いで刊行されている。

このように、『今昔物語集』の出典研究から始まった『三宝感応要略録』の研究は、日本におけるその受容史のみならず、『三宝感応要略録』それ自体の研究も本格的に始まるなど、その研究状況も大きく変化し、研究環境も整いつつある。本解題はそれら先学の研究成果に殆ど依存しているが、前田家本の影印の刊行が『三宝感応要略録』の更なる研究の発展に繋がれば幸いである。

一　『三宝感応要略録』の概要

1　撰者遼僧非濁と成立時期

『三宝感応要略録』の撰者である非濁に関する基礎史料は、塚本善隆氏が紹介された清初の朱彝尊（しゅいそん）編（遺子の朱昆田補撰）の『日下舊聞（じっかきゅうぶん）』巻二一　郊坰（こうけい）三に見える。『日下舊聞』は古代より明末までの北京に関する記述を一三門に分け、清の康熙二十七年（一六八八）に刊行されたが、増補・修訂された勅撰の『日下舊聞考』一二〇巻が乾隆三十九年（一七七四）に成っている。塚本論文（塚本一九四四）では『日下舊聞』よりそのまま引用せず、「題曰」の内容を冒頭に、「末法」の内容を末尾にそれぞれ置くというように、非濁の経歴を刻む「佛頂尊勝陀羅尼幢記」を復元したかたちで引用されているが、ここでは復元せず、六峯閣蔵板によって、関連部分を全て引用する（清・于敏中等編『欽定日下舊聞考』巻九五　郊坰西五［北京古籍出版社一九八一年］による校異は傍注〔イ〕で示した）。

廣恩寺、遼之奉福寺也、在白雲観西南、地名栗園、按遼史、南京有栗園、蕭韓家奴〔罕嘉努イ〕嘗典之、疑即此地也、土人目寺爲三教寺、中有石幢、題曰、「守司空・豳國公・中書令、奉爲故太尉大師（非濁）、特建佛頂尊勝陀羅尼幢記、講僧眞延撰并書」、末云、「清寧九年（一〇六三）歳次癸卯七月庚午朔十三日壬子記」、幢南有碑、正統初（一四三六）、太監僧保錢安立、　析津日記、

太康十年（一〇八四）正月、復建南京奉福寺浮圖、　遼史道宗紀、

遼佛頂尊勝陀羅比〔尼イ〕幢記、京師奉福寺懺悔主、崇祿大夫・檢校太尉・純慧大師之息化也、附靈塔之巽位、樹佛頂尊勝陀羅尼幢、廣丈有尺、門弟子狀師實行、以記爲請、大師諱非濁、字貞照、俗姓張氏、其先范陽人、重熙初（一〇三二）、禮故守太師兼侍中圓融（澄淵）國師爲師、居無何、嬰脚疾、乃遯匿盤山、敷課于〔於イ〕白繖蓋、毎宴坐誦持、常有山神敬侍、尋克痊（重熙八年・一〇三九）、八年冬、有詔赴闕、興宗皇帝賜以紫衣、十八年（重熙十八年・一〇四九）、勅授上京管内都僧録、秩滿、授燕京管内左街僧録、屬鼎駕上仙、驛徴赴闕、今上（道宗）以師受眷先朝、乃恩加崇祿大夫・檢校太保、次年、加檢校太傅〔イナシ〕・太尉〔イナシ〕、師捜訪闕章、聿修睿典、撰往生集（隨願往生集）二十卷進呈、上（道宗）嘉贊久之、親爲帙引、尋命龕次入藏、清寧六年（一〇六〇）春、鑾輿幸燕、回次花林、師侍坐于殿、面受燕京管内懺悔主・菩薩戒師、明年（清寧七年）二月、設壇于〔于〕千本寺（奉福寺）、懺受之徒〔徒イ〕、不可勝紀〔計イ〕、九年（清寧）四月、示疾告、終于〔於イ〕竹林寺、即以其年五月、移窆于〔於イ〕昌平縣、司空豳國公仰師高躅、建立寺塔、并營是幢、庶陵壑有遷而音塵不泯、清寧九年五月、講僧眞延撰并書、

塚本氏の研究によりながら、その内容を示すと以下の通りである。

講僧真延が遼の清寧九年（一〇六三）五月に「撰び書き」、同年七月十三日に燕京（えんけい）の西郊、奉福寺（後の広恩寺、俗称三教寺）の境内に建立した石幢に記された「佛頂尊勝陀羅尼幢記」に、非濁の経歴が

記されていた（陳述輯校『全遼文』巻八［中華書局　一九八二年］には真延「非濁禅師実行幢記」として収載）。石幢が建っていた奉福寺とは、「契丹五京」の一つ南京・析津府（燕京、現在の北京市）の主要寺院の一つである（野上俊静「遼代の燕京の仏教」『支那仏教史学』二巻四号　一九三八年、のち『遼金の仏教』　平楽寺書店　一九五三年）。

「佛頂尊勝陀羅尼幢記」の記載によれば、非濁は、字を貞照、純慧大師と号し、俗姓は張氏であり、先祖は范陽（河北省涿県）の人であった。非濁は、遼の仏教が最も盛んだった興宗（在位　景福元年［一〇三一］～重熙二十四年［一〇五五］）・道宗（在位　清寧元年［一〇五五］～寿昌七年［乾統元年・一一〇一］）の二人の皇帝より信任されていた。重熙年間（一〇三二～一〇五五）の初め、「圓融國師」（南山律学派の僧で、燕京奉福寺特進守太師兼侍中国師円融大師賜紫沙門の澄淵）に師事するが、程なく「脚疾」に罹ったため、「盤山」（天津市薊県城から西北へ約一二㎞にある盤山風景名勝区）に遁世して、白い「繖蓋」（日よけ傘）の下に過ごすことを日課とし、宴に坐する時も常に経典を「誦持」していたところ、「山神」の「敬侍」があって、まもなく病気が癒えた。

重熙八年（一〇三九）の冬には、興宗皇帝の詔があり、遼の帝都である上京臨潢府に赴き、宮中で皇帝より紫衣を賜った。重熙十八年（一〇四九）には、興宗皇帝より「上京管内都僧録」に勅授され、任期終了後は、「燕京管内左街僧録」を歴任することとなった。興宗皇帝が崩じた重熙二十四年（清寧元年・一〇五五）には、急ぎ宮中に招かれ、道宗皇帝より「崇祿大夫・檢校太保」を、翌清寧二年（一〇五六）には「檢校太傅太尉」をそれぞれ加えられた。非濁は宮中の書物を探し求め、ついに「睿典」（天子の書物）を「聿修」（祖先・先人の徳を慕いそれらを明らかにして、おさめること、書物の形に整えること）した。具体的にいえば、非濁は興宗によって企てられ、清寧五年（一〇五九）に編纂された「契丹蔵」（契丹大蔵経）の雕造に関わる仏典の蒐集整理事業にも関与したことを指すと思われる（野上俊静「遼代に於ける仏教研究」『MAYURA』二号　一九三三年、のち『遼金の仏教』平楽寺書店　一九五三年も参照）。そして非濁は、『往生集』（『随願往生集』）二〇巻を撰し、道宗皇帝に進呈した。道宗はこれを賞賛して、契丹大蔵経に編入させた。

清寧六年（一〇六〇）春には、道宗皇帝が燕京に行幸した際に、非濁も「花林」に、「侍坐」し、皇帝から直接、「燕京管内懺悔主菩薩戒師」を授けられた。翌清寧七年（一〇六一）二月には「本寺」すなわち奉福寺に「壇」を設けたところ、懺悔を受ける「徒」が数えられないほど多かったという。そして清寧九年（一〇六三）四月に、疾病により燕京の竹林寺（清寧八年、楚国大長公主建立）において亡くなった。翌五月には昌平県（幽州管内・燕京の北、現在の北京市昌平区）に亡骸を移して葬った。そして、同月、「司空豳國公中書令」（『遼史』巻八六　列伝十六の耶律合里の伝によれば、清寧七年［一〇六一］に「入為北院大王、封豳國公」とあるので、耶律合里のことか）が非濁の功績を仰いで霊塔を建立すると共に、その南東の傍らに「佛頂尊勝陀羅尼幢」を建て、それに七月十三日、弟子の講僧真延が非濁の「實行」記を撰び書いたものである。この「幢記」は清朝まで存在していたらしいが、今は失われしまった。しかし、幸いに朱彝尊の『日下舊聞』に抄出され、今に伝えられる（以上、塚本一九四四）。

なお、遼代の仏頂尊勝陀羅尼幢の実例に関しては、一九三五年五月二十日に文部省告示第二〇二号を以て重要美術品に指定された、当時の兵庫県武庫郡御影町の村山長擧（ながたか）（一八九四〜一九七七・元朝日新聞社社長）邸内にある（現在・神戸市東灘区御影町の香雪美術館の裏庭に現存）仏頂尊勝陀羅尼幢の存在を、竹島卓一氏が紹介されている。その説明によれば、石幢は上下の二層よりなり、下部に基壇を備えている。下層（初層）の幢身はすらりと高く美しい八角柱であり、周囲に仏頂尊勝陀羅尼を刻し、上部に八角形の蓋石を冠し、その上に方形の請花を作り、更に周囲に雲文を表した坐石で上層の幢身を承けている。上層の幢身は方柱であり、四面に龕を作りその中に仏の坐像を陽刻し、その上部に円い繰形を繞らして軒先のように反り上った八角形の蓋石を冠し、その頂きには連弁を刻出した頂飾を施すという（竹島卓一「第二十章　石幢　四　仏頂尊勝陀羅尼幢」『遼金時代の建築と其仏像』龍文書房　一九四四年）。また、鈴木武氏によれば、この石幢（経幢）には、八角の下部柱幢第一・第二面に造立の主旨、讃などの幢銘が刻まれ、続いて第三面以下に「仏頂尊勝陀羅尼経」が刻まれている（鈴木武「仏頂尊勝陀羅尼について」『歴史考古学』四二号　一九九八年）。それから考えるに、真延が撰び書いた「非濁」の功績を記した「佛頂尊勝陀羅尼幢記」は下層の八角形の「仏頂尊勝陀羅尼経」を刻した側面に併せて刻まれていたのではないかと推測される。

ところで、従来は、塚本氏が紹介された「佛頂尊勝陀羅尼幢記」が非濁の伝記を詳しく伝える唯一の重要な資料となっていたが、野上俊静氏によって「房山石経」所収の『一切佛菩薩名号集』序（遼代随一の学僧・思孝の撰）に、重熙年間における非濁の仏教活動に関する記事が見えることが紹介されており（野上俊静「遼代の学僧思孝について—房山石経の一つの紹介—」仏教史学会編『仏教史学会三十周年記念　仏教の歴史と文化』同朋舎　一九八〇年、任杰「房山石経中新発現的両種佚書過日記」二『房山石経之研究』　中国仏教協会　一九八七年、竺沙雅章「遼代華厳宗の一考察—主に、新出華厳宗典籍の文献学的研究」『大谷大学研究年報』四九集　一九九七年、のち『宋元仏教文化史研究』汲古書院　二〇〇〇年）、近年、李銘敬氏は更に詳しく言及されている（李二〇〇七）。

ところで、「房山石経」とは、現在の北京市の西南郊外、房山区にある雲居寺の石経板である。隋代の静琬（？〜貞観十三年［六三九］）が大業年間（六〇五〜六一七）より破仏に備えて仏経を石版に刻し、石経山の石室に封蔵したことから始まり、唐・遼・金・元・明と一千年にわたり刻字されてきた石経であり、正式名称は「房山雲居寺石刻仏教大蔵経」である（『東方学報』京都第五冊副刊〔房山雲居寺研究〕一九三五年、氣賀澤保規編『中国房山石経の研究—房山雲居寺石経を中心に―』京都大学学術出版会　一九九六年）。

以下、非濁の仏教活動及びこの「名号集」の編纂に関連する部分を中国仏教協会編『房山石経（遼金刻経）』（中国仏教図書文物館　一九九一年）所収「一切佛菩薩名号集」（別名「大蔵教諸仏菩薩名号集」）より引用する（改行も同様とした）。

「大藏教諸佛菩薩名号集序　一　匆字号
覺花島海雲寺崇禄大夫守司空輔國大師賜紫沙門　思孝奉　詔撰
（中略）」

「大藏教諸佛菩薩名号集序　二　匆
為瑞他邦他主、咸欽明徳惟馨、豈比夫舞千
羽於丹墀、但運有為之有道、垂衣裳於紫幄、
空拘無道之無為者焉、以
我皇帝（興宗）行無為之有道、住有道之無為故也、
奇哉、　睿化明敷、至教潛合、爰有燕京弘法
寺校勘・諌議大夫昌黎志徳、進明呪集、都三
十巻、括一大藏一切明呪、上京臨潢府僧録・
純慧大師沙門非濁、進名号集二十二巻、撮
一大藏一切名号、斯集之為利也、莫可得而
言之、且如一呪之功、尚不可以河沙筭、況一
藏之明呪乎、一名之益、猶不可以刹壌籌、況
一藏之名号乎、（中略）
明呪之首、自有引文、名号
之前、元無序説、帝（興宗）慮遐裔罔殫厥由、詔委
下才（思孝）、聊述其致此集（名号集）、乃是徳雲法師之所纂
也、師（徳雲）本保靜人、俗姓清河氏、家傳儒素、躬博
詩書、工翰工吟、具福具智、厭世塵之翳、實忻
法味、以清神、始於析津府崇仁僧伽藍摩出
家、奉求寂戒、終於永昌軍太子招闘提、追屏
跡、轉大藏經、攝歛一心、聯綿十載、酷探至趣、
正存性相、居懷哀恤、迷倫兼務、呪名為念、（中略）」

「大藏教諸佛菩薩名号集序　三　匆
（中略）　披尋經律論、三
藏教文、採摭已今當三世名号、披尋之際、凡
遇一如來、及遇一菩薩、或各礼三拜、（中略）
採摭之時、持刀跪、刺於雙肱、出其鮮血、滴墨
和、研於一硯、染乃柔毫、若是顯著、名體俱同、
更不紀録、或有名同、却疑體異、亦並書之、集
成一部、分為兩門、（中略）計
數盈萬、以踰三勒、巻成十而齊二、（中略）
濡浄牋而
爰畢、模貞板以期鏤、雖決意無移、磬奇工而
必薺、奈伺機罔契、逼大限以云殂、道失能弘、
因成墜地、人微所託、屢歷周星、後遇海山純（非
慧大師（濁）、鳴觵飛帆、雲離自島、懸盂挂錫、萍寄

彼藍（太子寺）、講花嚴億頌圓經、傳金剛三聚淨戒、八
方輻輳、同歸不退轉輪、四衆子来、若覩大慈
悲父、本州（利州）僧政沙門法常、當寺（太子寺）僧首沙門義
鑑、虔守遺編、保護情踰玄鑒士、慶逢當器、委
憑礼重玄奘（三藏）師、即以授之、託其弘耳、濁（非濁）公於
是、喜強縁而得遇、希巨利以靡辞、細披但劑
於半珠、熟視未成於全寳、以宋朝新譯及
我國（遼）創添經數頗多、雲皆莫覿、因仲石補用、
冀天圓復雙、益於新名、乃兩增於舊巻、拾乎
前闕、菁英已悉於華龕、示乃来蒙、雨露未清」

「大藏教諸佛菩薩名号集序　四　勿
於塵域、師（非濁）會　帝（興宗）於累聖殿中宣預道場、乃
以其集捧之呈進、　帝躬披閲、久而誥曰、「朕
於宵旰時餘、勸懲務外、毎謂、但恢縄政安民、
止擅於一期、不廓線詮、利物難臻、於永劫蒙
仁、今以是集見囑、信如鮑叔之能知我、卜商
之善、起予者矣、兼乃仁礼
太師侍中國師、為聲聞戒鄔波駄耶、朕礼
太師侍中國師、為菩薩戒阿遮梨耶」、然位異
於君臣、而義同於昆季、緬憶如來之付、共合
遵承、復思親教之恩、彼應酬答、況當九有已
靜烽煙、宜使四民倶崇香火、尋頒綸旨、委以
有司俾刻印文、示諸未諭、（中略）
（中略）宸慮若斯、故記云耳、時
皇朝（興宗）七代歳次癸巳重熙二十有二年（一〇五三）律中（十二月）
大呂蓂生十（十日）葉午時序訖、
（以上、思考の序）

一切佛菩薩名集巻第一　勿
利州太子寺講經論沙門　徳雲　集
南无釋迦牟尼佛　南无金剛不壊佛　南无寶光佛
（中略）」

「一切佛菩薩名集巻第二十一　多
上京管内僧録純慧大師賜紫沙門　非濁　續
南无日清淨光明佛　南无釋迦牟尼佛
（中略）」

「一切佛菩薩名集巻第二十二　多
上京管内僧録純慧大師賜紫沙門　非濁　續
南无知慧猛菩薩　南无因猛菩薩
（後略）」

「一切佛菩薩名号集」は別名「大蔵教（ママ）諸佛菩薩名号集」ともいい、「大蔵経」の中から、全ての名号（みょうごう）（仏・菩薩の名）を取り出して列記したものである。遼代随一の学僧・思孝による序から知られる本書「一切佛菩薩名号集」の成立に至る内容は、野上氏や李氏の論文（野上一九八〇、李二〇〇七）を参考にするとほぼ以下の通りである。

燕京の弘法寺の沙門であり、「校勘諫議大夫」たる昌黎（河北省昌黎県）の志徳（伝不明）が、「大蔵経」の中から一切の「明呪」（真言）を集めて『明呪集』三〇巻となし、これを興宗に進呈した。ついで、「上京臨潢府僧録」たる「純慧大師沙門」の非濁が、『名号集』二二巻を興宗に進上した。これは「大蔵経」中に見える一切の仏・菩薩の「名号」を「撮録」したもので、その利益たるや言葉では言い表し得ない程である。

ここに初めて非濁が『一切仏菩薩名号集』二二巻を興宗に進めたことが判明した。但し、右の思孝の序によれば、この書は全て非濁が編んだわけではなく、もともとは「利州太子寺講經論沙門」の徳雲法師が集めて編修したものであった。

徳雲は保静（甘粛・寧夏）出身の人であり、俗姓は清河氏、家は代々儒者。「詩書」に関して博識で、「翰」（文章）や「吟」（うた）にたくみであったが、やがて「世塵の翳」を厭い、析津府（燕京）の崇仁寺に入り出家した。ついで利州（遼代に置かれた州。現在、中国遼寧省朝陽市の西南の境）の太子寺に隠棲し、専ら「大蔵経」を転読し、十年の間、ずっと「至趣」を探り求めた。経・律・論の三蔵の教文から、「已今當の三世」（過去・現在・未来の三世）の名号を「採り摭い」集めた。非濁は、徳雲が集めた遺稿二〇巻とその補足として非濁自身が宋朝の新訳仏教や遼の新撰及び新たに追加された仏典を参照しつつ補撰した二巻を併せて『一切仏菩薩名号集』二二巻となし、興宗に進呈し、刊行の許可を賜った。興宗はこれを聞き、親しく披閲して大いに喜んだ。その際に興宗は、この『名号集』をもって見せてくれた非濁に対して、誠に鮑叔（春秋時代の斉の大夫）が親友の管仲を知るが如く自分のことをよく知っており、孔子の弟子の卜商（子夏）が孔子の没後、魏の文侯に招聘され師となった如きことが自分におきているようだと述べたように、非濁を非常に信頼していたことが知られる。また、『日下舊聞』所収「佛頂尊勝陀羅尼幢記」によれば非濁が「故守太師兼侍中圓融國師」を師となしていたことが知られるが、『名号集』序によっても、非濁が興宗皇帝と共に守太師兼侍中国師円融大師澄淵に師事していたことも確認された。更にかつて非濁は利州太子寺において、「花嚴億頌圓經」を講じ「金剛三聚浄戒」を伝えたことも『名号集』によって初めて判明した。

非濁による『名号集』の興宗への進呈は、時に重熙二十二年（一〇五三）のことであり、前掲『日下舊聞』所載「佛頂尊勝陀羅尼幢記」から知られるように、非濁は「上京（臨潢府）管内都僧録」であった。そして詔をうけた「覺花島海雲寺・崇禄大夫・守司空・輔國大師・賜紫沙門」の思孝はその序を重熙二十二年十二月十日に書いたことが知られるのである（以上、野上一九八〇、李二〇〇七）。

ところで、塚本氏によれば、高麗仏教界最高位にあった大覚国師・義天（一〇五五～一一〇一）編『新編諸宗教蔵總録』［所謂「義天録」］三巻（高麗宣宗七年［一〇九〇］撰、峰岸明編「新編諸宗教蔵總録巻第一・二・三　二巻　高山寺蔵　影印・翻字本文」『高山寺古典籍纂集』［高山寺資料叢書第一七冊］）

東京大学出版会 一九八八年）には、非濁の著録として、『三宝感応要略録』は見えないが以下の書が見える。すなわち、まず『新編諸宗教蔵總録』巻一には

首楞嚴經
玄賛　全寫經文、隨科賛釋、與六巻本、或三巻、
玄賛　標擧科節者、略經文、或三巻、　已上惟愨述、
玄賛科三巻　非濁述、

と見え、更に『同』巻三には、

隨願往生集二十巻　非濁集、

とある（塚本一九四四）。

このうち『（首楞厳経）玄賛科』三巻は、惟愨の『（首楞厳経）玄賛』に加えた「科段」（漢訳した一つの経典を、内容によって、「序分」「正宗分」「流通分」などに分類すること）であるというが、ともに失われているので、内容は未詳であるという。

一方、『隨願往生集』に関しては、銭大昕（一七二六～一八〇四）撰『補元史藝文志』巻三 釋道類の第一に

非濁往生集二十巻、字貞照、清寧中、授燕京管内懺悔主菩薩戒師、加崇禄大夫檢校太尉、遼、

と見える他に、義天が入宋時代に師事した霊芝の元照（政和六年［一一一六］没）に送った手紙（『答大宋元炤律師書』『大覚国師文集』巻十一〈『韓国仏教全集』第四冊〉所収）の中に「此間亦有新行隨願往生集一部二十巻、（中略）新舊章疏一十餘家、續當附上」とあることから、遼から高麗の義天の手元に伝えられた『隨願往生集』を、義天は更に北宋の恩師元照に贈呈したことが指摘されている（塚本一九四四）。

更にこの『隨願往生集』が日本に伝えられていたことは、塚本氏が精力的に解明されたように、①東大寺図書館蔵宗性自筆『弥勒如来感応指示抄』第三（文応元年［一二六〇］写）に『隨願往生集』各巻について弥勒仏に関した記事の有無を抄記した記事が見えること、②真福寺蔵『往生浄土伝 桑門戒珠集』三帖（嘉禄二年［一二二六］の写本により僧乗忍が建長六年［一二五四］に書写）は、序文と跋文が北宋の戒珠に仮託された偽作とされてはいるが、各伝記の本文は『隨願往生集』からの抄出であること、③金澤文庫蔵『漢家類聚往生伝』巻中（鎌倉期書写）所収往生伝三八話のうち三四話が、上記②真福寺蔵『往生浄土伝 桑門戒珠集』に見えることの以上の三点から明らかである（塚本一九四四）。

ところで、『三宝感応要略録』の成立時期に関しては、野上氏が、同書下巻第一話・第二話の題脚に「出清涼伝（等文）」と見えることに注目し、その出典に南宋・延一撰『広清涼伝』（嘉祐五年［一〇六〇］成立）が引かれていることから、非濁の没年が一〇六三年であることも踏まえ、非濁最晩年の一〇六〇年～一〇六三年の間と推定されている（野上一九六七）。

2 撰述の事情

『三宝感応要略録』が撰述された事情と内容構成に関しては、以

下の序文や下巻巻末の記述に詳しい。

前田家本によって、先ず序文を示すと以下の通りである（「　」内は金剛寺本により補い、傍注の異本表記〔イ〕は金剛寺本を示す。大阪大学三宝感応要略録研究会二〇〇七a）。

蓋三寳感應要略録者、霊像感應、以爲「佛」寳、尊經感應、以爲法寳、菩薩感應、以爲僧寳、良是濁世末代目足、断悪修善規模也、夫信爲道原〔源カ〕功徳之聚、行爲路要解脱之基、道達三千勸勵後信、教被〔披イ〕百億開示縁跡、今略表顯其肝要、粗叙「録」奇瑞、此縁若墜、将来无據、簡以三聚、分爲三巻、令其易見矣、

金剛寺本では、これに続き、「玄賛七云」すなわち『妙法蓮華経玄賛』巻第七の末よりの以下の引用が記されている（大阪大学三宝感応要略録研究会二〇〇七b）。

玄賛七云、能寂三業生死囂煩、證寂黙理、名尺迦牟尼、此云能寂、故娑婆世界、此云堪忍、此土衆生、不孝父母、不敬沙門、行十悪業道、日夜増長三塗八難无量辛楚、菩薩於中堪忍苦悩而行利益、名為堪忍、文、

その読み下しを試みに掲げると以下の通りである（大阪大学三宝感応要略録研究会二〇〇七bを参照したが、適宜改めた）。

蓋し三寳感應要略録は、霊像の感應もて以って佛寳と為し、尊經の感應もて以って法寳と為し、菩薩の感應もて以って僧寳と為す。良に是れ濁世・末代の目足にして、断悪・修善の規模なり。夫れ、信は道原功徳の聚と為り、行は路要解脱の基と為る。道は三千勸勵の後信に達し、教は百億開示の縁跡を被ふ。今、略して其の肝要を表顯し、粗ぼ奇瑞を叙録す。此の縁、若し墜ちなば、将来據るところなからん。簡ぶに三聚を以ってし、分かちて三巻と為すは、其れをして見易すからしむるなり。

玄賛の七に云はく、「能く三業生死の囂煩を寂にして、寂黙の理を證するに、釋迦牟尼を名づけて、此れを能寂と云ふ。故に娑婆世界は、此れを堪忍と云ふ。此土の衆生、父母に孝たらず、沙門を敬はず、十悪業道を行ひ、日夜、三塗八難无量辛楚を増長す。菩薩、中の堪忍に於いて苦悩し、利益を行ふを名づけて堪忍と為す」と。文。

また、序文のみならず、下巻末にも偈文を中心に本書の編纂の意図を示した記述があるので、以下に示す（「　」内は金剛寺本により補う）。

今傳聞録之、自余感「應」郎〔良カ〕繁、不能具述。今略録三五、以示信徹。發願偈曰、

已依集録及口傳　略録三寳感應縁　乃至見聞讃毀者
因〔同カ〕蒙利益出生死　尺〔釋〕迦如来末法中　一聞三寳生少信
三世罪障盡消除　當生必見諸聖衆　願録感應諸功徳
廻施法界諸有情　令獲勝生増福慧　同證廣大三菩提

下巻末に関しても読み下しを試みに示すと以下の通りである（野上一九六七、小林二〇〇七を参照したが、適宜改めた）。

今、傳聞してこれを録す。自余の感應、良に繁く、具さに述ぶ

ること能はず。今、三五を略録して以て信徹を示す。發願の偈に曰はく、

「已に集録及び口傳に依りて、三寶感應の縁を略録す。乃ち讃毀を見聞するに至るは、同に利益を蒙りて生死を出ず。釋迦如来の末法中、一たび三寶を聞きて少信を生ずれば、三世の罪障盡く消除して、當生に必ず諸の聖衆を見ん。願はくは感應の諸の功徳を録し、法界の諸の有情を廻らし施し、勝生を獲て、福慧を増し、同に廣大の三菩提を證ぜしめことを」。

以上の序文及び下巻巻末から窺われる撰者・非濁の編纂意図や方針を簡単に述べると、以下の通りである。

『三宝感応要略録』に収められた内容は、①「霊像」（彫刻に刻まれ、または絵に描かれた仏像）に関する「感応」説話を「佛寶」、②「尊經」（尊いお経）に関する「感應」説話を「法寶」、③（文殊・普賢・弥勒・観音などの）「菩薩」に関する「感應」説話を「僧寶」、と三分類した説話を収めた。その効用は、濁れた世・末法の世において、人々の目足となる最も大切なものであって、悪を断ち、善を修める規範となるものであるという。その編纂方法は、説話の肝要なところを表し、不思議でめでたいしるしを記述し、収録するに際して、読みやすくするため、「佛寶聚」・「法寶聚」・「僧寶聚」の「三聚」にそのまま分けて三巻としたという。その編纂の意図は、末法の到来を強く意識し、末代の人々を信仰に導くために、編んだ宣教説話集であり、具体的には、非濁が清寧七年（一〇六一）二月に奉福寺に戒壇を設け、懺悔を受ける為に集まった徒弟に浄土宗を宣教するための編まれたと推測されている。また『三宝感応要略録』の序文と撰述に関しては、僧詳撰『法華経伝記』の巻頭を参照したことも指摘されている（以上、李二〇〇七b・d）。

3　構成内容と引用書

『三宝感応要略録』に収められた霊験譚の題材の大半は、僧の期すべき浄土往生や俗衆が関心をもつ生死や富みなどであり、三宝利益や救済などを素材としており、僧俗の修行及び信仰上の実用的説経用に相応しい内容であった（以下、李二〇〇七d参照）。

構成内容は、序文に続き、上巻「佛寶聚」、中巻「法寶聚」、下巻「僧宝聚」の目録と本文がそれぞれ記される。それぞれの概要は以下の通りである。

まず、上巻「佛寶聚」は諸仏感応の五〇話からなる。内容によって大きく分類すると、第一話から第三一話までは釈迦・阿弥陀・薬師などの仏像の作製・図写・礼拝・念仏・供養などによる霊験譚。第三二話から第三六話は曼荼羅の相伝・礼拝や灌頂道場の建立などによる霊験譚。第三七話と第三八話は仏舎利の霊験譚、第三九話から第五〇話は造寺（精舎）・造塔・造五層仏図に関する霊験譚。詳細は以下の通り。

釈迦像感応　第一〜第一〇話

阿弥陀像感応　第一一・第一三〜第一五話

無量壽像感応　第一二・第一六話
阿弥陀仏感応　第一七～第一九話
十念往生感応　第二〇話
阿閦仏像感応　第二一話
薬師(像)感応　第二二～二八話
毘盧遮那仏像感応　第二九話
聖无動尊感応　第三〇話
千仏像感応　第三一話
曼荼羅感応　第三二～第三三・第三五・第三六話
灌頂道場祈雨感応　第三四話
舎利感応　第三七・第三八話
塔感応　第三九・第四一話
仏圖感応　第四〇話
精舎(寺)感応　第四二～第五〇話

次に、中巻「法寶聚」は諸経感応の七二話からなる。華厳・阿含・方等・般若・法華・涅槃など天台五時教の順によって説話が配列されている（李二〇〇七d）。詳細の分類は以下の通りである。

華厳経感応　第一～第七話
阿含経感応　第八～第一一話
阿毘達磨蔵感応　第一二話
律蔵　第一三・第一四話
大集経感応　第一五話
方等経感応　第一六・第一七話
維摩経(浄名経)感応　第一八～第二〇話
首楞嚴経感応　第二一話
勝鬘経感応　第二二・第二三話
阿弥陀経・観無量寿感応　第二四～第二六話
金光明(最勝王)経感応　第二七～第三〇話
四部大乗経感応　第三一話
薬師経感応　第三二・第三三話
大毘盧遮那仏　第三四話
陀羅尼経感応　第三五・第三六話
寿命経感応　第三七話
般若(心)経感応　第三八～第四〇話
大般若経感応　第四一～第四九話
般若金夾感応　第五〇話
大品(般若)経感応　第五一～第五四話
放光般若経感応　第五五話
金剛般若経感応　第五六・第五七話
仁王般若経感応　第五八～第六〇話
無量義経感応　第六一・第六二話
法花経感応　第六三～第六六話
涅槃経感応　第六七～第七一話
一切経感応　第七二話

最後に下巻「僧宝聚」は諸菩薩感応の四二話からなる。文殊・普賢・弥勒・観音・勢至・地蔵など諸菩薩の霊験譚を収めるが、構成は以下の通りである。

文殊（菩薩像）感応	第一～第六話
普賢（菩薩像）感応	第七～第一〇話
弥勒［慈氏］（菩薩）像感応	第一一～第一四話
観音［観自在］（菩薩）像感応	第一五～第三〇話
勢至菩薩感応	第三一話
地蔵菩薩感応	第三二～第三五話
五大力像感応	第三六話
滅悪趣菩薩像感応	第三七話
薬王薬上像感応	第三八話
陀羅尼自在王菩薩感応	第三九話
馬鳴・龍樹（菩薩像）感応	第四〇～第四一話
无著・世親像感応	第四二話

さて、『三宝感応要略録』の内容構成は、先行する中国の説話集のの影響を受けており、李銘敬氏によれば、唐・道世撰『法苑珠林（ほうおんじゅりん）』（総章元年［六六八］成立）巻第一三から第一九までの「敬仏篇」・「敬法篇」・敬僧篇」を基盤として、その上に唐・西明寺の道宣編『集神州三宝感通録』（麟徳三年［六六六］成立）を参照しつつ調整して出来上がったという。更に震旦（中国）説話以外の天竺（印度）・西域・高麗国の各説話など外国説話の採録に関しては、法蔵撰『華厳経伝記』（嗣聖七年［六九〇］成立）や僧詳撰『法華経伝記』の影響も指摘されている（李二〇〇七d）。

また、『三宝感応要略録』の説話の配列については、『今昔物語集』における「二話一類」の配列方式を指摘された国東文麿氏は、それは『三宝感応要略録』から受容された配列法式であるとされた。このことから『三宝感応要略録』は全話がおおむね、内容上同じような説話を二つ並べてゆく「二話一類」の配列方式をとっているという見解がある（国東一九六二）。しかし、近年、「二話一類」の配列方式は、全編一六四話全体に見られる姿勢ではなく、部分的には見える「二話一類」の配列方式も説話を採録する際に典拠資料から二話ずつ抄出した結果にすぎないという理解もなされている（李二〇〇七）。

ところで、『三宝感応要略録』には各感応譚の出典が説話のタイトルの次行に「出」として注記されている。引用書は七〇有余種に及び、広く三蔵・僧伝・験記・旅日記・説話集・記録等を参照している（片寄一九四三）。藍本たる諸書の主なものに関しては、巻末の「出典一覧」及び「出典索引」を参照されたい。その多くは今日佚書になっているので、そうした意味でも貴重である。

4　日本への伝来

『三宝感応要略録』が、具体的に何時、どのような経緯で日本に将来されたかは明確な記録はないが、天仁三年（一一一〇）成立の

『百座法談聞書抄』に『三宝感応要略録』を二話引用していることから、遅くとも一一世紀初頭には確実に日本に伝わっていたことが指摘されている。

一方、『遼史』巻二五 道宗本紀五に「大安七年（一〇九一）九月己亥（十四日）、日本國遣鄭元・鄭心及僧應範等二十八人、來貢」とあり、また『同』巻七〇 属国表の大安七年九月に「日本國遣鄭元等二十八人、來貢」とあることなどから、遼の道宗の大安七年九月に日本国が、鄭元・鄭心に僧応範ら二十八人を派遣して、「來貢」したことを記している記事に注目し、加えて『中右記』など日本側の記録に見える、寛治六年（一〇九二）に契丹国に不法渡航して帰国し検非違使に尋問された僧明範に関連した一連の記事を総合して、常盤大定氏はこの頃、遼から直接教典が将来された可能性をしている（常盤一九四〇）。これをうけて、塚本氏は非濁の『随願往生集』が遼の朝廷から明範（応範）に与えられた可能性を指摘されている（塚本一九四四）。

確認のため、この間の経緯に関連する日本側の史料を以下に引用し検討する（瀧川政次郎「日遼密貿易事件」『満支史議史話』日光書院 一九三九年、田島公「日本、中国・朝鮮対外交流史年表―大宝元年～文治元年―」奈良県立橿原考古学研究所附属博物館編『貿易陶磁―奈良・平安の中国陶磁―』臨川書店 一九九三年、初出一九九〇年、参照）。

まず、『中右記』寛治六年（一〇九二）六月二十七日条によれば、

廿七日、己卯、有陣定、是大宰府解状也、唐人隆琨為商客初通契丹之路、銀寳貨等持来、子細見解状、公卿、（後略）

と見え、更に『百練抄』寛治六年六月二十七日条には

諸卿定申本朝商客渡契丹事、

とあり、宋人隆琨が商客として初めて「契丹之路」（契丹〔遼〕と日本を直接結ぶルート。対馬守が関与していることから、大宰府・博多から対馬島を経て途中、高麗や宋に寄港せず、黄海を渡り渤海湾に入り、直接、遼に上陸し、南京析津府（燕京）を経て陸路上京臨潢府に至るルートか）を利用して通交し、「銀寳貨」などを持ち到来したことが大宰府から報告され、その対応をするため陣定が開かれたことが知られる。ついで『中右記』同年九月十三日条には

十三日、検非違使等於左衛府、勘問商人僧明範、件明範越土〔度〕趣契丹國、經數月、歸朝、所随身之寳貨多云々、仍日者為勘問事、元雖賜使（検非違使）廳、例幣先後之齋間、引及今日也、契丹是（者カ）本是胡國也、有武勇聞、僧明範多兵具賣却金銀條（脱アラン）、已乖此令歟、

と見え、商人僧の明範が、渡航禁止の契丹国に日本から赴き、数ヶ月滞在後、日本に帰国し、多数の「兵具」を売却し「金銀」を得たことが、令に背いているとして問題となり、この日、検非違使が左衛門府において明範を訊問したことが知られる。そして、『後二條師通記』同年十月二十三日条によれば、

廿三日、壬申、晴、昨日陣定事、為散不審（明）相尋之處、返事云、「被定最初契丹事、次（中略）等所被定申也」者、「或隨勅定、或猶可被栲（拷カ）明範（僧也）、或以明範陳詞、可被問帥（藤原伊房）」者、

と記され、十月二十二日の陣定で明範を更に拷問した結果、大宰権

帥藤原伊房が尋問されることとなった。その後、『百練抄』寛治七年（一〇九三）二月十九日条に

十九日、諸卿定申渡契丹之商客（中略）等勘問事、

とあり、更に『中右記』同七年二月十九日条には

十九日、丙寅、（中略）今日、有陣定、（中略）渡契単〔丹〕國商人僧明範事、彼明範已於檢非違使廳、被拷訊之處、為帥卿使、申渡彼國之由、（中略）以前五个事、終夜定之、及暁更事了、（後略）

とあるように、明範が再び検非違使庁で訊問され、漸く大宰権帥藤原伊房の使者となって契丹国に渡航したことを自白したのであった。

その後、『中右記』同七年十月十五日条には、

十五日、重有陣定、左府以下被参仗座、是彼契丹事可被問對馬守（藤原）敦輔等者、件敦輔依召近日上洛也、（後略）

とあり、前日に続き「陣定」が行われ、この事件に関して、対馬守藤原敦輔を訊問すべき事が決定し、都に召喚されることとなった。

そして、翌年ついにこの事件の全貌が明らかとなった。すなわち、『中右記』寛治八年（嘉保元年・一〇九四）三月六日条

六日、丁丑、天晴、有陣定、（中略）申時許被参仗座、（中略）契丹國事、又種々雑事等、右大弁讀文書、左大弁書定文、及深更事了、

とあり、また『百練抄』嘉保元年三月六日条

諸卿定申前帥伊房卿遣明範法師於契丹、交易貨〔關イ〕物之罪貨、

とあるように、大宰権帥藤原伊房が明範法師を契丹に派遣し密貿易を行わせていたことが明らかとなった。そしてついに、『百練抄』同元年五月廿五日条に

伊房卿解却降位一等、縁坐者多、隨法家勘状、所被行也、以前度度有仗議、

と、『中右記』寛治八年（嘉保元年）五月二十五日・二十八日条に

廿五日、（中略）今日、左大臣以下参仗座、有産山〔彦〕定、次前帥（大宰権帥）権中納言伊房（藤原）卿、已依契丹國事、減一階（正二位）、被止中納言識〔職〕、又依同事、前對馬守敦輔（元従五位下）追位記云々、（後略）

廿八日、戊辰、（中略）後聞、今朝有政、是伊房卿并藤原敦輔、罪過之残贖銅各十斤云々、贖銅官符請印等事者、（後略）

とあるように、契丹国への密貿易事件に関わったとして、正二位権中納言兼大宰権帥であった藤原伊房は、権帥を解任され、従二位に一級貶し、権中納言の職も停止され、また、前対馬守で従五位下であった藤原敦輔が位記を奪われたとある。なお、関連記事として、『公卿補任』寛治八年（嘉保元年）条に

権中納言正二位同伊房、六十四、二月廿五日、坐事降停職、貶一級為従二位、停中納言、

『中右記』永長元年（一〇九六）九月二十二日条裏書の「前大宰権帥正二位藤伊房」の薨伝には「伊房卿、（中略）上皇御時、兼太宰帥、依契丹國事、遷降従二位、止中納言、後復本位、但中納言不被成還、」と見える。

日本と遼（契丹・九一六年〜一一二五年）との交渉・交流の開始は、遼が建国された九一六年の九年後、遼の天賛四年（日本の延長三年・九二五）十月庚辰（二十一日）に「日本國來貢」の記事（『遼史』巻二・巻七〇）が見えることから確認される。その後、寛仁三年（一〇一

九）の「刀伊国人」の北九州来襲事件（所謂「刀伊の入寇」）を経て、『遼史』巻二五には、大安七年の記事の他、大安八年（一〇九二）九月丁未条に「日本國遣使來貢」と見えるが、今回の一連の事件の顛末は以下のように理解されている。大宰権帥藤原伊房・対馬守藤原敦輔・僧明範・宋商隆琨が手を結び、寛治五年（遼の大安七年・一〇九一）に隆琨の船に明範が乗り遼に渡った。明範は日本国の使節として遼に入貢し、日本の武器などを遼の銀などと交易し、翌寛治六年に隆琨の船に乗って博多に帰港した。しかし、その後この密航・密貿易が露見し、事件が発覚してから一年八ヶ月かかって寛治八年二月に漸く処分が下り、関係者が処罰された（原美和子「宋代海商の活動に関する一試論—日本・高麗および日本・遼（契丹）通交をめぐって—」小野正敏・五味文彦・萩原三雄編『中世の対外交流　場・ひと・技術』考古学と中世史研究3　高志書院　二〇〇六年）。

　なお、『遼史』に見える日本国の使者である「応範」は『中右記』など日本側の史料に見える「明範」を指すと思われるが、「応」と「明」とでどちらが正しいかというと、「明範」が正しいと言われている。それは『遼史』では穆宗（ぼくそう）（位　応暦元年［九五一］〜同十九年［保寧元年・九六九］）は漢名が「柿更名明」であるため、皇帝の諱を避ける避諱（ひき）として「明」の字を避けるため、「明範」を「応範」と書き換えたからである（中華書局本『遼史』巻二五　道宗本紀五　大安七年［一〇九一］九月己亥（十四日）条「校勘記」　一九七四年、竺沙雅章「遼代の避諱について」『東方学会創立五十周年記念東方学論集』　一九九七年、のち『遼元仏教文化史研究』　汲古書院　二〇〇〇年）。

　さて、この事件に関連して更に注目されることは、『遼史』に見える僧応範（明範）が、遼から仏典を将来したこと推定させる史料が紹介されていることである。常盤大定氏によれば、永超撰『東域伝灯目録』（寛治八年［嘉保元年・一〇九四］成立）の「衆経部」（高山寺典籍文書綜合調査団編『高山寺本東域伝灯目録』［高山寺資料叢書第一九冊］　東京大学出版会　一九九九年、二〇六頁）には、

隨函音疏九十九—　法成寺蔵、寮〔遼〕代歸日記—隨函音義冊云、、

とあるが、「寮〔遼〕代歸日記」とは入遼し帰朝した「応範（明範）」の日記であり、それが、「隨函音疏九十九巻」すなわち契丹大蔵の基礎となる五代の後晋・可洪撰『新集蔵経音義隨函録』三〇巻（北宋の景祐年間の『崇文総目』に「蔵経音義隨函三十巻　釋可洪撰」と見える）の傍注として書かれていることから、「応範」（＝明範）がこの書を遼から持ち帰ったとすると推測される（常盤大定「我が平安朝時代に於ける日本僧の入遼」『東方学報』東京　一一冊　一九四〇年）。

　現在、残された史料から考える限り、注目すべき見解であり、入遼した明範が、遼の仏典を大量に持ち帰り、その中に『三宝感応要略録』を始めとする非濁の著作があり、それらはこの事件によって朝廷に没収されたが、天皇または朝廷の文庫に入り、そこから写本が作成されたと考えられる。そもそも、派遣された人物が僧であったことは、藤原伊房の指示もあり、最初から銀などの他に、仏典を

購入する目的で派遣された可能性が非常に高いと言えよう。そうすると、一一世紀末には『三宝感応要略録』が平安京やその周辺の寺院で受容されるようになったと理解できよう。

なお、この他、高麗の義天が日本に送った可能性も考えられている。塚本善隆氏は義天が非濁の『随願往生集』を推賞し、これを宋に贈ったように、日本にもこれを贈った可能性を指摘している。それは義天が宋から章疏三千余巻を携えて帰国した宣宗三年（一〇八六）後のこと、西暦一〇九〇年前後のことと推定されている（塚本一九四四）。この時、同じく非濁の『三宝感応要略録』が日本に贈られた可能性も考えられよう。何れにせよ、『三宝感応要略録』が一一世紀末には日本に将来されていたと考えられている。

5　伝本——古写本を中心に——

これまでの研究を参考しながら、院政期に書写された『三宝感応要略録』の古写本を中心に伝本を簡単に紹介する。

（1）元永元年（一一一八）写本　下巻（所在不明）

『弘文荘待賈古書目』一七号（一九四九年）・三一号（一九五八年）記載。それによれば、下巻のみ一帖（粘葉装）の零本であり、以下の奥書がある。

元永元年六月十六日巳時、書了、　　相兼
「同年十月廿九日、加點了」（朱書）
應安四年（一三七一）季春（三月）下旬、一部三巻表紙爛敗之間、加修複〔復〕了、沙門良超、七十六、

現在、所在不明であるが、修復の識語から、三巻揃っていたことが知られる。

（2）金剛寺本（仁平元年［一一五一］写本）上巻

大阪府河内長野市金剛寺所蔵。列帖装一冊。上巻のみの零本であるが、以下の識語がある（筆者は未見であるので、以下『金剛寺本『三宝感応要略録』の研究』を参考に紹介を行う）。

仁平元年十二月九日巳時、書

法量は、縦三〇cm、横二八cm。本文は墨付二〇丁、半丁一五行〜一六行、毎行二一字〜二四字。

この写本は大阪府史蹟名勝天然紀念物保存調査会編『天野行宮・金剛寺古記』（『大阪府史蹟名勝天然紀念物調査報告第六輯』大阪府　一九三五年）で紹介されて以来、近年、原本調査をされた後藤昭雄氏の論文（後藤二〇〇四）でも仁平元年の写本とされている。但し、近刊の『金剛寺本『三宝感応要略録』の研究』の翻刻によれば、奥書は「仁平三年」とされている（大阪大学三宝感応要略録研究会b）。これに関して、同書収載の後藤昭雄氏（後藤二〇〇四の再録）や荒木浩氏の論文（荒木二〇〇七）では、奥書は「仁平元年」とされており、一方、海野圭介氏は、「仁平二年（一一五二）の書写」として説明されている（海野二〇〇七）。同じ研究会の刊行物でありながら、金剛寺本の奥書に関して、何故か仁平元年・二年・三年の三説が記されている。ここで改めて影印（大阪大学三宝感応要略録研究会a）を確認す

るに、問題の漢数字の前後の「平」・「年」をどこまでと考えるか読み方によって、「元」とも「三」とも読めないこともないが、字形から見て、「元」と読んだ方が良いと思われるので、従来通り、仁平元年書写本としておく（後藤氏に確認したところ「仁平元年」が正しい釈文という）。金剛寺本によって正しいテクストが確認される部分もあり、前田家本とともに善本とされる（後藤二〇〇四）。

（3）前田家本（寿永三年［一一八四］写本）　上・中・下巻

前田育徳会尊経閣文庫所蔵。高山寺旧蔵本。列帖装三帖。寿永三年二月の書写奥書がある。詳細は次章参照。

（4）大和国内山永久寺旧蔵本（「伝藤原行成筆仮名消息」紙背）下巻

もともと大和国の内山の永久寺に襲蔵されていたが、写本の紙背に伝藤原行成筆の仮名消息があったため、嘉永四年（一八五一）七月に、復古大和絵派の絵師・冷泉為恭（ためちか）（文政六年［一八二三］～元治元年［一八六四］五月五日。為恭に関しては、中村渓男『冷泉為恭と復古大和絵』［日本の美術二六一］　至文堂　一九八八年、参照）が懇望して、永久寺の住持僧正亮珍から譲り受けたものである。その間の事情に関しては、現存する紙背文書に関して影印と翻刻を行った久曽神昇氏の解説に詳しい（久曽神一九九二）。

筆者は全く未見であるので、久曽神氏の解説より概要を示す。『三宝感応要略録』を譲り受けた為恭は、それを二巻に分け、一巻を書家の木村（源）行納（ぎょうのう）に割愛し、一巻は袋に入れ常に身に携えていたという。行納が入手した一巻に収載されたうち、一通は『本朝能書伝』（安政三年［一八五六］七月刊行）に登載され、名古屋の関戸家に伝来し（関戸家本書状）、『千歳之友』に載せられ、他の二通は島田蕃根に伝えられ、その中の一通は田中光顕の所蔵となり（大口周魚「行成卿仮名字消息」『書苑』二巻一号）、その後、町春草氏の所有となった。また木村本の逸脱と推定されるものが大正の頃に京都の若林家に存在したという（その後の伝来は不明）。

一方、為恭の所持の一巻は、文久二年（一八六二）末に親友の神光院（じんこういん）（現・京都市北区西賀茂神光院町）の智満に預託したが、元治元年（一八六四）五月五日に為恭が凶刃に倒れたため、為恭の姉に返却されるが、明治十四年（一八八一）以前に、京都熊谷家（鳩居堂）の所有となり、現在に至る。重要文化財。本文については、十分な調査が行われておらず、筆者も未見であるが、写真版によれば、紙背の『三宝感応要略録』下巻は、列帖装で、半丁一四行または一五行と推定される。

（5）東寺観智院本　上・中・下巻

従来、調査されていなかったが、近年、李銘敬氏によって原本調査の結果が報告されている（李二〇〇七）。それによれば、東寺観智院金剛蔵聖教（請求番号　観智院金剛蔵聖教第一七〇函第二八二八）。上中下三冊の冊子本（袋綴じ）。それぞれ縦二八・七cm、横二三・三cm。上冊一九丁、中冊二七丁、下冊二三丁。半丁約一〇行～一五行。一行約二二字～二六字。書写奥書はないが、下冊第一六丁（裏）と第一七丁（表）に使われた料紙に、嘉禄三年（一二二七）十月六日の聖供と富永御荘官（富永荘は近江国に所在し延暦寺山門領）との記事が見られるので、書写年代はそれ以前のものであるという。（2）金剛寺本と（3）前田家本で対校した李氏によれば、（5）観智院本の録文は省略したところが多く、粗筋のみで抄録された説話もあるという。

（6）慶安三年（六五〇）版本　三冊

京都大学附属図書館・大阪大学附属図書館・大谷大学図書館・筑波大学附属図書館他所蔵。以下の刊記がある。

慶安三年庚寅星月
大和田九左衛門板行

大阪大学附属図書館本の影印が『金剛寺本『三宝感応要略録』の研究』（大阪大学三宝感応要略録研究会二〇〇七c）に収載されている。この版本を底本として、大正新脩大蔵経及び大日本続大蔵経版に翻刻が収載されている。

（7）その他、書目録・日記に見える古写本

鶴見大学図書館所蔵『五合書籍目録』一軸（請求番号　〇二五一・一－G。全文翻刻は田島公「中世蔵書目録管見」『禁裏・宮家・公家文庫収蔵古典籍のデジタル化による目録学的研究』［二〇〇二年度～二〇〇五年度科学研究費補助金【基盤研究（A)】研究成果報告書　研究代表者：田島公］　二〇〇六年参照）に

〈傳記、佛法、
三寳感應録二部（一）三巻（帖）、又一本、三帖、
三寳感應録一ア〔部〕二帖、上・下、前本同異可勘之、
（後略）

と見える（小峯一九七九）。この目録は平安時代末期の書写の書籍目録とされており（『古典籍と古筆切―鶴見大学蔵貴重書展解説図録』鶴見大学　一九九四年）、端裏書に「法花充〔疏〕　顕章疏　二合目六　倶舎傳記　講式　五合目録」とあるように、当初は「法花（経）疏」九部、「顕章疏」二二部の「二合」だけの書櫃の目録であったものに、「倶舎」六部、「傳記、仏法、」二二部、「講式」一三部の三合分を加えて、併せて五合六一部の目録である。その内、「傳記、仏法、」の冒頭に二種類の「三寳感應録」が記述されている。一つは、一旦、「二部三巻」と書いたものを「一部三帖」と書き直し、それに続けて細字で他に「一本」があってそれが「三帖」であることを示す。則ち、三帖のものが、二セットあったことが知られる。次いで、上下二帖で一部となった写本もあり、これに関しては、前の三帖の本との「異同」を調べて検討すべきと注記されている。このように平安末期の某寺院には「三宝感応要略録」が三部存在したことが知られる。

この他、日祐著『本尊聖教録』（康永三年［一三四四］成立）の「十八　説法等」の項に「三寳感應要略　一帖」、「三十　雑雑」の項に「三寳感應要録　上中下三帖」とある。『本尊聖教録』は『祐師目録』ともいい、日祐（一二九八～一三七四）が作成した日蓮（一二二二～一二八二）とその周辺に所有されていた蔵書目録であるが、そこには一帖と三帖の二部の『三宝感応要略録』が存在していたことが

分かる（今成元昭「日蓮時代の平家物語をめぐる諸問題」『平家物語流伝考』　風間書房　一九七一年）。

更に、臨済宗僧・瑞谿周鳳の日記『臥雲日件録』を惟高妙安が抄録した『臥雲日件録抜尤（ばつゆう）』第五七冊寛正五年（一四六四）八月二十一日条（大日本古記録本）には、

廿一日、（中略）三宝感應畧彔（録）、今日寫之、凡予刻楮集抄群書。之中要者也、此三珤（寶）彔、既曰要畧、盖前輩節要者乎、故不及択之、皆寫之耳、盖号三宝感應彔者乎、恐就中取之、故曰要畧乎、所謂釈子非濁、不詳名字、果何人也、其人置而不論、惟令人知三宝感應、其益豈曰小也哉、｜

とあり、瑞谿周鳳が『三宝感応要略録』を書写していたことが知られる。なお、『臥雲日件録抜尤』同年七月十四日条には

十四日、蔭凉箴（益之宗箴）首座來問、「就渡唐、自公方（足利義政）將乞書籍、有可録呈其名之命、不知日本未渡書、縦虽（雖）先來、寂希有者、何書可彔（録）呈耶」、予（瑞渓周鳳）曰、「當加思惟耳、後便記十五部送之、北堂書鈔一百七十三巻・虞世南撰兎園策十巻・同世南撰史韻四十九巻・錢諷正初撰歌詩押韻・楊咨編遯齋閑覽・陳正敏撰老李庵筆記十巻・陸游撰范石湖集、文献通考所載、此外、楊誠齋文集・張舜民畫墁集・揮塵彔・賓退彔・百川李海・三宝感應彔・教乘法數・類説、此八部、予曾見一本、然不聞有別本、以為希矣、｜

と見え、足利義政の意向をうけた蔭凉軒の益之宗箴から相談をうけた瑞谿周鳳が明国への請求書籍の書目選定に当たり、『文献通考』経籍部を参考に日本に未渡の書や既渡であってもなお希望する書を一五部書き記しているが、その中に『三宝感応（要略）録』が含まれていたことが知られる。実際に瑞谿周鳳編『善隣国宝記』巻下の景泰五年（享徳三年・一四五四）二月十八日付けや天順八年（寛正五年・一四六四）八月十三日付けの明国礼部の日本国充咨文に「三宝感応録全部」と見え、後者の天順八年のものが先に示した『臥雲日件録抜尤』寛正五年七月十四日条の記事に対応するものである。なお、このうちの一〇部は『善隣国宝記』巻中　成化十一年（文明七年・一四七五）付け「日本国王源義政」の大明皇帝宛の「表」の別幅に見え、そこに「三宝感応録全部」と見える（以上、『善隣国宝記』に関しては田中健夫編『善隣国宝記・新訂続善隣国宝記』［訳注日本史料］　集英社　一九九五年参照）。これは、室町期においても『三宝感応要略録』が希有な書として珍重されていたことを示す例である（李二〇〇五）。

6　日本における受容 ― 院政期から近世まで ―

『今昔物語集』のみならず、非濁の著作の日本への影響に関しては、塚本氏の研究（塚本一九四四）、中世説話文学における『三宝感応要略録』の受容を初めて体系的に研究した池上洵一氏の研究（池上一九七九）、五山文学における享受を中心に、その後の新たに発見された資料を踏まえ、現在の『三宝感応要略録』の受容史の到達点を示す李銘敬氏の研究（李二〇〇七）などがある。それら先学によれば、『三宝感応要略録』を引用または抄出する資料には以下のものがあ

る。

①『**法華百座聞書抄**』（天仁三年［一一一〇］成立）。引用話は上巻第一八・中巻第三八（小峯一九七九・池上一九七九）。

②『**今昔物語集**』（一二世紀前半成立）。直接引用話は六五話。関連話は九話。

③**金剛寺蔵**『**佚名諸菩薩感応抄**』（平安時代末期写）。引用話は下巻第一～四・六～一〇話の一〇話（後藤一九九三）。

④**聖覚編**『**言泉集**』（建久年間［一一九〇～一一九九］成立）。上巻第一九話、中巻第一・六・二八・三七・五二・七〇話の七話。関連説話は中巻第二九・四一・四三の三話（池上一九七九）。

⑤**貞慶撰**『**興福寺奏状**』（元久二年［一二〇五］）。関連説話は中巻第九・四七話（塚本、小峯一九七九）。

⑥**宗性自筆**『**弥勒如来感応抄草**』（天福二年［一二三四］写）。下巻第一四からの抄出があり、「天福二年正月下旬」に興福寺良遍から送られた『三宝感応要略録』を「於笠置寺東谷房、始披見之」の奥書あり。また、塚本氏によって、宗性（一二〇二～一二九二）自筆『三宝感応録并日本法華伝指示抄』が現存していたことが紹介されており、更に宗性自筆『弥勒如来感応抄』（文暦二年［一二三五］）では、上巻第一〇・二五・四二話、中巻第三・四・四九、下巻第一一～一四・一六・一七・三八・四二の一四話を抄出（塚本一九三七、平岡定海『日本彌勒浄土思想展開史の研究』大蔵出版　一九七七年）。

⑦**醍醐寺蔵**『**薬師**』（鎌倉初期写の表白説経の覚書）。上巻二六・二八話の二話（小林芳規「醍醐寺蔵『薬師』二本について―所収説話と今昔物語集との関係を中心に―」『［醍醐寺研究所］研究紀要』六号　一九八四年）。

⑧『**醍醐寺焔魔王堂絵銘**』（貞応二年［一二二三］、成賢抄出）。上巻第一九、中巻第六・二九・六五・七〇、下巻第三九の六話（阿部美香「醍醐寺焔魔堂史料三題」『国立歴史民俗博物館研究報告』一〇九集、李二〇〇四年）。

⑨**真福寺蔵**『**説経才学抄**』（鎌倉末期成立）。中巻第四・六・七・一五・一六・二七～三〇・三七・五二・五三・五六～五九の一六話（藤井佐美「真福寺蔵『説経才学抄』の標題説話―『三宝感応要略録』とかかわって―」『伝承文学研究』五四号　二〇〇四年）。

⑩『**普通唱導集**』（正安四年［一三〇二］以降の成立）。下巻末「異朝」に「抑至感応因縁者、三国ノ往生伝・三寶感應ノ録、其証非一」と見える（小峯和明『今昔物語集の形成と構造』笠間書院　一九九三年［再版］、村山修一『古代仏教の中世的展開』法蔵館　一九七六年）。

⑪**住信撰**『**私聚百因縁集**』（正嘉元年［一二五七］成立）。上巻第七・一一・一三・一四・一九・三〇、下巻第二九・三五の八話（塚本、小峯一九七九、池上一九七九）。

⑫**栄海編**『**真言伝**』（正中二年［一三二五］成立）。上巻第三〇・三五・三六、下巻第二四・三六・三七の六話が直接引用。上巻第三四、中巻第三五・三六・五八、下巻第二五が類話（池上一九七九）。

⑬**玄棟撰**『**三国伝記**』（一五世紀前半［応永十四年〈一四〇七〉以降］

成立）。八四話が出典（小林一九四七、池上一九七九）。
⑭実叡撰・良観続編十四巻本『地蔵菩薩霊験記』（戦国時代に増補）。中巻第六、下巻第三〇・三三・三五の四話が直接典拠とする説話（大島建彦監修『十四巻本地蔵菩薩霊験記』　三弥井書店　二〇〇二年）。
⑮尊舜著『法華経鷲林拾葉抄』（永正七年［一五〇七］頃成立）。中巻第六と共通の話あり（池上一九七九）。
⑯栄心著『法華経直談抄』（天文十五年［一五四六］以前成立）。中巻第一〇、下巻第三九と共通の話あり（池上一九七九）。
⑰日光天海蔵『直談因縁集』（天正十三年［一五八五］舜雄自筆写本）。上巻第一八、中巻第二五、下巻三一の三話の類話あり（廣田哲通・阿部泰郎・田中貴子・小林直樹・近本謙介編著『日光天海蔵　直談因縁集翻刻と索引』和泉書院　一九九八年）。

以上の例から、鎌倉初期には『三宝感応要略録』が、東大寺の学僧宗性（⑥）が熟読していたように東大寺に伝えられていたことや、高山寺本の奥書に見えるように比叡山にも伝えられていたことに見られるように、鎌倉初期には南都北嶺に受容されていたことが確認され、更には京都の安居院では聖覚が唱導の資料書『言泉集』（④）にも『三宝感応要略録』が用いられていたことも指摘されている。また、京都周辺のみならず、鎌倉中後期には浄土系の唱導僧と推定される住信（⑪）が東国の常陸で用いていることや鎌倉末には東寺長者にまでなった真言宗の高僧栄海（⑫）によって利用されていること、更に室町期になると天台系の僧と推測される玄棟の『三国伝記』（⑬）の有力な資料となったことが明らかにされた。『今昔物語集』から『三国伝記』に至る仏教説話集のうち、『宝物集』を唯一の例外として、ある程度まとまった数の天竺・震旦説話を集録する作品の全てが『三宝感応要略録』と直接交渉をもったと指摘されている（以上、池上一九七九）。更に、近年、『三宝感応要略録』が仏教の唱導資料として広く使用されてきた事実、五山系の僧にも熟読されていたこと、説話資料を提供する類書として使用されてきたことも指摘されている（李二〇〇五）。

二　前田家本について

前田育徳会尊経閣文庫所蔵の高山寺旧蔵本『三宝感応要略録』三冊は重要文化財（指定名称：「三宝感応録」上中下高山寺本、指定年月日：昭和十四年［一九三九］五月二十七日、指定番号：二八一）で、『尊経閣文庫漢籍分類目録』（一九三四年　侯爵前田家尊経閣）の「子部　漢唐百家類一」に

　三寶感應要略録　三巻 唐(ママ)釋非濁(ママ)　壽永鈔本　三

とある（二七〇頁）。

この前田家本は、塚本善隆氏の論文（塚本一九三七）の「追記」に、吉川幸次郎氏による調査の略報が見えるが、本格的な紹介は小峯和明氏によってなされた（小峯一九七九）。また、最近、この写本を底本とした本文の翻刻は李銘敬氏によってなされた（李二〇〇七）。以下、

それらも参考にしながら、書誌的な紹介を行う。

1　箱および包紙

前田家本は奉書の包紙二枚に包まれ、桐箱（身　縦三一・四cm、横一九・三cm、高三・〇cm、蓋　縦三二・九cm、横二〇・七cm、高二・六cm）に納められている。包紙にはそれぞれ、次のような上書がなされている（参考図版参照）。

外側の包紙1（法量　縦五二・四cm、横四八・二cm）

「　（貼紙）「漢釋家（朱）「貴」」
　第五號　」

古本中
（異筆）「續乙部至丙部」　漢　史
三寶感應録　　三冊　」

内側の包紙2（法量　縦三七・一cm、横四六・七cm）

「栂尾書籍之内元本　　御所望之分
（別筆②）「續乙部至丙部」
三宝感應録　　三册
（別筆①）「古書中」　」

この内、内側にある包紙2の上書「三宝感應録　三册」の筆跡は菊池紳一氏のご教示によれば、前田綱紀公の筆であるという。

2　様態

i　装幀・表紙・印記・識語など

上・中・下の三冊本で、何れも縦二五・七cm、横一四・五cm。装幀は数枚の料紙を半分に折って一括りとしたものを各冊三括り（束）、折目の部分を糸で綴じ合わせた列粘装（綴葉装）である。

さて、各冊の表紙は以下の通りである。

【上冊】

「寶螺上」
「五十五箱」
「大海」
「甲」
「源中」
「三寶感應録巻上」

【中冊】

「寶螺上」
「五十五箱」
「大海」
「甲」
「源中」
「三寶感應録巻中」

【下冊】

「寶螺上」
「五十五箱」
「大海」
「甲」
□
「三寶感應録巻下」

簡単に説明を加えると、各冊とも表紙の左上に「三寶感應録巻上（中・下）」と題し、その下に「甲」と見え、そのやや左下に「源中」の墨書がある（但し下冊の「源中」は欠損）。また、中央やや下方には「大海」と大きく署名しているが、各冊全て墨消しにしてある。更に右側、綴じ代の付近には、高山寺の経巻番号と思われる「五十五箱」の墨書が見える。先の「甲」も同様に高山寺の経巻番号と思われる（『加賀百万石名宝図録』仙台博物館　一九六五年）。更にその下に「寶螺上」と墨書が見える。「寶螺」とは「法螺」に同じであり、「ほうら」または「ほら」と読み、法具の法螺貝を指すと思われるが、仏の説法の盛んな様子を、螺を吹くのに喩えて「法螺」というようになったというので（中村元編『仏教語大辞典』東京書籍　一九八一年）、或いは説法に用いるという意味で書かれたのかもしれない。

内題は、上冊が「三寶感應要略録巻上」と記し、序文に続き「佛寶聚上」と記す。中冊は「三寶感應要略録巻中　法寶聚中尺(釋)子非獨(ママ)集」と、下冊は「三寶感應要略録巻下　僧寶聚下　釋子非獨(ママ)集」と記す。

次に印記について述べると、各帖、墨付き一丁表の一～二行目に「高山寺」の朱印が一顆づつ捺されている（口絵参照）。

識語は本文と同筆で各冊以下のようである。

【上冊】第四三丁裏

三寶感應要録巻上

壽永三年二月十二日未時書寫了、偏為廣作佛事也、

東塔(比叡山)北谷於西松井、書了、

【中冊】第三〇丁表・裏

□□(寶)感應要録巻中

壽永三年二月十八日、於東塔北谷於西松井房、申時□(許カ)□

【下冊】第三七丁表

三寶感應要略録巻下

壽永三年二月廿三日、於東塔北谷西松井房、午時許書寫了、

奥書に見える「東塔北谷西松井房」に関しては、比叡山東塔北谷八部尾（仏母谷）に存在したことが、小峯和明氏によって指摘されている。即ち『比叡山堂舎僧坊記』（正保本）の「北谷　八部尾、又號佛母谷、根本中堂之北面、」の項に「松井坊　舊跡　長耀法橋坊跡、屋敷之内南、有井、(西イ)名水也」（天台宗典刊行会編『天台宗全書』二四　天台宗典刊行会事務所・大蔵出版　一九三七年所収）と見え、『山門堂社由緒記』（明和本　巻第一）の「北谷、又谷二分、一八部尾、一虚空蔵尾、」に「一、松井坊、在恵光院西、　長耀法橋坊跡」とある（前掲『天台宗全書』二四所収）。松井坊に住した長耀は、『天台座主記』巻二　四十九世　権僧正最雲（渋谷慈鎧編『校訂増補天台座主記』一九三五年　比叡山延暦寺開創記念事務局、復刻　第一書房　一九九九年）によれば、

同十三日、(永暦元年十月)令阿闍梨長耀(輝イ)・圓勝寺寺主最舜(寂イ)敍法橋、以御祈賞、讓兩人、

とあるように、永暦元年（一一六〇）十月十三日に法橋となっていることが知られる。長耀は、叡山において恵光房澄豪に師事し、止観の法を学び、北谷竹林房に住して檀那流の法流を鼓揚し竹林房流を

開き、竹林房流の祖といわれ、後の安居院流の元をなしているという。そうしたことから、小峯氏は寿永三年本の書写者と長耀との繫がりはかなり深かったと推測されている（小峯一九七九）。

なお、巻下二八丁オの二行目に「家別一本、不別引記」とある。これは下巻第三三話「唐益州法聚寺地蔵菩薩畫像感應」の本文の最後に続き、第三四話「唐蒲州金水縣劉侍良家杖頭地蔵感應」の前に位置する。「家別一本」とは寿永三年の書写した親本に存在した注記と思われ、別の写本が存在した可能性を示唆するが、詳細は不明である。

ⅱ　本文

本書の料紙は薄様の楮紙である。本文は書写奥書も含め一筆である。無界。半葉八行、一行約二〇字～二三字である。

本書の構成は、上冊は、先ず冒頭に内題を「三寶感應要略録巻上」と記した後、序文が続き、「佛寶聚上」と記したあと、目録部分（説話題目）が続き、五〇タイトルを列挙した後、第一話に入る。中冊・下冊は「三寶感應要略録巻中（下）」の後、「法（僧）寶聚中（下）尺（釋）子非獨集」と記し、次行以下、目録部分が続き、その後、本文の説話が続く。本文には、ミセケチを付して文字を抹消し訂正した箇所、抹消符（ミセケチ。ヒ）によって文字を抹消した箇所、などがある。それらも含め、影印では判読しづらい箇所は本節の最後に記した。なお、訓読の振り仮名はないとされるが、中巻第七丁オ第三行目の「簽」の右側に「カヘ〔コ〕（かご）ヲ」という傍訓がある。

本書には上冊・中冊に錯簡が見られるが、それは各冊三括り（束）つづ折目の方を糸で綴じ合わせた列帖装（綴葉装）という装幀のため、折り返し方向を誤ったことに起因するので、各冊に関して述べておく。

まず上冊は、①料紙八紙を半分折った一六丁、②料紙七紙を半分に折った一四丁に半紙分の一丁を糊付けした一五丁、③料紙七紙を半分に折った一四丁の三括り（束）からなる。

次に中冊は、④料紙八紙を半分に折った一六丁、⑤料紙七紙を半分に折った一四丁に半紙分の一丁を糊付けした一五丁、⑥料紙一一紙を半分に折った二二丁の三括り（束）からなる。

最後の下冊は、⑦料紙七紙を半分に折った一四丁、⑧料紙七紙を半分に折った一四丁、⑨料紙七紙を半分に折った一四丁の三括り（束）からなる。

これらの各冊、各括り（束）毎の料紙の構造と各丁との関係は別表の如くであるが、錯簡のある上冊と中冊の関係部分に関して更に詳しく述べる。

最初の錯簡は、上冊一括り（①束）目の最後一四丁裏と②二括り（束）目の冒頭部分で起こっている。具体的な話で言えば、上巻第五話の途中（第一四丁裏）から飛んで、上巻第二六話の途中・第二七話（第一五丁表）、第二八話（第一五裏）へと続いてから、再び第五話の最後と第六話（第一六丁表）へと戻るのである。そして、上巻第二

尊経閣文庫所蔵『三宝感応要略録』の装幀の構造（※錯簡箇所）

		料紙一枚の右半分の丁（　）内は本書での頁数【正しい順序】	料紙一枚の左半分（　）内は本書での頁数【正しい順序】	糊付けされた半丁分の料紙【正しい順序】
①上冊第1括り（束）	最も外側	表紙・表紙見返（三・四頁）【1】	第14丁表・裏（三三・三四頁）【16】	
		遊紙（表）・（裏）（五・六頁）【2】	第13丁表・裏（三一・三二頁）【15】	
		第1丁表・裏（七・八頁）【3】	第12丁表・裏（二九・三〇頁）【14】	
		第2丁表・裏（九・一〇頁）【4】	第11丁表・裏（二七・二八頁）【13】	
		第3丁表・裏（一一・一二頁）【5】	第10丁表・裏（二五・二六頁）【12】	
		第4丁表・裏（一三・一四頁）【6】	第9丁表・裏（二三・二四頁）【11】	
		第5丁表・裏（一五・一六頁）【7】	第8丁表・裏（二一・二二頁）【10】	
	最も内側	第6丁表・裏（一七・一八頁）【8】	第7丁表・裏（一九・二〇頁）【9】	
②上冊第2括り（束）	最も外側	第16丁表・裏（三七・三八頁）【17】	第31丁表・裏（六七・六八頁）【32】	第15丁表・裏（三五・三六頁）※【33】
		第17丁表・裏（三九・四〇頁）【18】	第30丁表・裏（六五・六六頁）【31】	
		第18丁表・裏（四一・四二頁）【19】	第29丁表・裏（六三・六四頁）【30】	
		第19丁表・裏（四三・四四頁）【20】	第28丁表・裏（六一・六二頁）【29】	
		第20丁表・裏（四五・四六頁）【21】	第27丁表・裏（五九・六〇頁）【28】	
		第21丁表・裏（四七・四八頁）【22】	第26丁表・裏（五七・五八頁）【27】	
		第22丁表・裏（四九・五〇頁）【23】	第25丁表・裏（五五・五六頁）【26】	
	最も内側	第23丁表・裏（五一・五二頁）【24】	第24丁表・裏（五三・五四頁）【25】	

③上冊第3括り（束）	最も外側	第32丁表・裏（六九・七〇頁）【34】	裏表紙見返・裏表紙（九五・九六頁）【47】	
		第33丁表・裏（七一・七二頁）【35】	遊紙（表）・（裏）（九三・九四頁）【46】	
		第34丁表・裏（七三・七四頁）【36】	第43丁表・裏（九一・九二頁［奥題・奥書有］）【45】	
		第35丁表・裏（七五・七六頁）【37】	第42丁表・裏（八九・九〇頁）【44】	
		第36丁表・裏（七七・七八頁）【38】	第41丁表・裏（八七・八八頁）【43】	
		第37丁表・裏（七九・八〇頁）【39】	第40丁表・裏（八五・八六頁）【42】	
	最も内側	第38丁表・裏（八一・八二頁）【40】	第39丁表・裏（八三・八四頁）【41】	
④中冊第1括り（束）	最も外側	表紙・表紙見返（九九・一〇〇頁）【1】	第14丁表・裏（一二九・一三〇頁）【16】	
		遊紙（表）・（裏）（一〇一・一〇二頁）【2】	第13丁表・裏（一二七・一二八頁）【15】	
		第1丁表・裏（一〇三・一〇四頁）【3】	第12丁表・裏（一二五・一二六頁）【14】	
		第2丁表・裏（一〇五・一〇六頁）【4】	第11丁表・裏（一二三・一二四頁）【13】	
		第3丁表・裏（一〇七・一〇八頁）【5】	第10丁表・裏（一二一・一二二頁）【12】	
		第4丁表・裏（一〇九・一一〇頁）【6】	第9丁表・裏（一一九・一二〇頁）【11】	
		第5丁表・裏（一一一・一一二頁）【7】	第8丁表・裏（一一七・一一八頁）【10】	
	最も内側	第6丁表・裏（一一三・一一四頁）【8】	第7丁表・裏（一一五・一一六頁）【9】	
	最も外側	第15丁表・裏（一三一・一三二頁）【17】	第29丁表・裏（一五九・一六〇頁）【31】	
		第16丁表・裏（一三三・一三四頁）【18】	第28丁表・裏（一五七・一五八頁）【30】	
		第18丁表・裏（一三七・一三八頁）【20】	第27丁表・裏（一五五・一五六頁）【29】	第17丁表・裏（一三五・一三六頁）【19】

⑤中冊第2括り（束）		第19丁表・裏（一三九・一四〇頁）【21】	第26丁表・裏（一五三・一五四頁）【28】	
		第20丁表・裏（一四一・一四二頁）【22】	第25丁表・裏（一五一・一五二頁）【27】	
		第21丁表・裏（一四三・一四四頁）【23】	第24丁表・裏（一四九・一五〇頁）【26】	
	最も内側	第22丁表・裏（一四五・一四六頁）【24】	第23丁表・裏（一四七・一四八頁）【25】	
⑥中冊第3括り（束）	最も外側 A	第30丁表・裏（一六一［奥題有］・一六二頁［奥書有］）※【52】	裏表紙見返・裏表紙（二〇五・二〇六頁）【53】	
	B	第31丁表・裏（一六三・一六四頁）※【51】	遊紙（表）・（裏）（二〇三・二〇四頁）【54】	
		第33丁表・裏（一六七・一六八頁）【32】	第50丁表・裏（二〇一・二〇二頁）【49】	第32丁表・裏（一六五・一六六頁）※【50】
		第34丁表・裏（一六九・一七〇頁）【33】	第49丁表・裏（一九九・二〇〇頁）【48】	
		第35丁表・裏（一七一・一七二頁）【34】	第48丁表・裏（一九七・一九八頁）【47】	
		第36丁表・裏（一七三・一七四頁）【35】	第47丁表・裏（一九五・一九六頁）【46】	
		第37丁表・裏（一七五・一七六頁）【36】	第46丁表・裏（一九三・一九四頁）【45】	
		第38丁表・裏（一七七・一七八頁）【37】	第45丁表・裏（一九一・一九二頁）【44】	
		第39丁表・裏（一七九・一八〇頁）【38】	第44丁表・裏（一八九・一九〇頁）【43】	
		第40丁表・裏（一八一・一八二頁）【39】	第43丁表・裏（一八七・一八八頁）【42】	
	最も内側	第41丁表・裏（一八三・一八四頁）【40】	第42丁表・裏（一八五・一八六頁）【41】	
	最も外側	表紙・表紙見返（二〇九・二一〇頁）【1】	第12丁表・裏（二三五・二三六頁）【14】	
		遊紙（表）・（裏）（二一一・二一二頁）【2】	第11丁表・裏（二三三・二三四頁）【13】	
		第1丁表・裏（二一三・二一四頁）【3】	第10丁表・裏（二三一・二三二頁）【12】	

⑦下冊第1括り（束）		第2丁表・裏（二一五・二一六頁）【4】	第9丁表・裏（二二九・二三〇頁）【11】	
		第3丁表・裏（二一七・二一八頁）【5】	第8丁表・裏（二二七・二二八頁）【10】	
		第4丁表・裏（二一九・二二〇頁）【6】	第7丁表・裏（二二五・二二六頁）【9】	
	最も内側	第5丁表・裏（二二一・二二二頁）【7】	第6丁表・裏（二二三・二二四頁）【8】	
⑧下冊第2括り（束）	最も外側	第13丁表・裏（二三七・二三八頁）【15】	第26丁表・裏（二六三・二六四頁）【28】	
		第14丁表・裏（二三九・二四〇頁）【16】	第25丁表・裏（二六一・二六二頁）【27】	
		第15丁表・裏（二四一・二四二頁）【17】	第24丁表・裏（二五九・二六〇頁）【26】	
		第16丁表・裏（二四三・二四四頁）【18】	第23丁表・裏（二五七・二五八頁）【25】	
		第17丁表・裏（二四五・二四六頁）【19】	第22丁表・裏（二五五・二五六頁）【24】	
		第18丁表・裏（二四七・二四八頁）【20】	第21丁表・裏（二五三・二五四頁）【23】	
	最も内側	第19丁表・裏（二四九・二五〇頁）【21】	第20丁表・裏（二五一・二五二頁）【22】	
⑨下冊第3括り（束）	最も外側	第27丁表・裏（二六五・二六六頁）【29】	裏表紙見返・裏表紙（二九一・二九二頁）【42】	
		第28丁表・裏（二六七・二六八頁）【30】	遊紙（表）・（裏）（二八九・二九〇頁）【41】	
		第29丁表・裏（二六九・二七〇頁）【31】	遊紙（表）・（裏）（二八七・二八八頁）【40】	
		第30丁表・裏（二七一・二七二頁）【32】	第37丁表・裏（二八五［奥題・奥書有］・二八六頁）【39】	
		第31丁表・裏（二七三・二七四頁）【33】	第36丁表・裏（二八三・二八四頁）【38】	
		第32丁表・裏（二七五・二七六頁）【34】	第35丁表・裏（二八一・二八二頁）【37】	
	最も内側	第33丁表・裏（二七七・二七八頁）【35】	第34丁表・裏（二七九・二八〇頁）【36】	

六話（第三一丁裏）のタイトル一行のみで、次は第二八話の最後の三行と第二九話（第三二丁表）が続く。これは、この部分の料紙が、第一六丁（表・裏）と第三一丁（表・裏）が一紙で、それに半紙分の第一五丁（表・裏）が糊付けされているが、本来は、①の最後の第一四丁裏は②の第一六丁表に続き、現在、①の最後に続いている第一五丁表は、裏側に廻って、第三一丁裏に折り返して付くべきところ、誤って反対側に折られ、錯簡をなしている。

次の錯簡は、中冊三括り（⑥束）目の冒頭の第三〇丁表・裏、第三一丁表・裏、第三二丁表・裏で起こっている。具体的な話で言えば、中巻第四一話の途中（二九丁裏）の次に最後に来るべきはずの奥題（三〇丁表）と奥書（三〇丁裏）が続き、更にその次に第六八話の最後の三行と第六九話及び第七〇話のタイトル（第三一丁表）と第七一話の残り（第三一丁裏）が続き、大きく前に戻って第四一話の途中（第三三丁裏）まで飛ぶのである。これは、まず、第三三丁表・裏と第五〇丁表・裏が一枚の料紙を折っているところに、半紙分の第三二丁を糊付けしているが、第三二丁の折る方向を現状と反対に第五〇丁側に折り、この括り（束）では第三三丁が冒頭となり、第三二丁は最後の第五〇丁の後ろに付くようにすると正しい順番になる。更に、現状の⑥束の冒頭のA「第三〇丁表・裏―裏表紙・裏表紙見返」（最も外側）と次のB「第三一丁表・裏―遊紙（表）・遊紙（裏）」（内側）は順番が逆で、Bを最も外側として、Aをその内側にして、新たに「第三一丁表・裏、第三〇丁表・裏、裏表紙見返・裏表紙、遊紙（表）・遊紙（裏）」の順番に直したものを、先に順番を改めた第三三丁を冒頭として、第五〇丁表・裏の後ろに「第三二丁表・裏」を付けた括り（束）の後に続けると正しい順番になる。現状の裏表紙は実は裏表紙見返の前の遊紙（裏）であり、現状の遊紙（裏）が本来の裏表紙で、現状の遊紙（表）が本来の裏表紙見返であったのである。

以上の情報は影印部分にも欄外に注記したが、念のために現状の丁数で、錯簡部分の正しい続きを示しておくと以下の通りである。

【上冊】

表紙……（中略）……第一四丁裏→第一六丁表……（中略）……第三一丁裏→第一五丁表・第一五丁裏→第三一丁表……（中略）……裏表紙

【中冊】

表紙……（中略）……第二九丁裏→第三三丁表……（中略）……第五〇丁裏→第三二丁表・第三二丁裏→第三一丁表・第三一丁裏→第三〇丁表・第三〇丁裏→遊紙・裏表紙見返・裏表紙

最後に、虫損以外の判読困難部分や訂正・抹消箇所について列挙する。

【上冊】

第一丁ウ第五行目最後　「五」

第三丁ウ第六行目最後　「八［×七］」（「七」の上から「八」と書き直す）

第四丁オ第五行目第三字　「進［舎］」（「進」の右に「舎」一字を書きそれ

を墨で塗り消す）

第一〇丁オ第四行目第三字　「苦（文字脱）」（「苦」の右に「文字脱」と傍書）

第一一丁オ第六行目第一〇字　「命（令）」（「命」の左上に抹消符を付し、右下に「令」と記す）

第二一丁オ第六行目第三字・第四字　「我有」（共に抹消を示す墨の斜線を引く）

第二一丁ウ第二行目第一二字～第一六字　墨により見えにくい部分は「却久謬謂永」。

第二四丁ウ第一行目第一七字　「生（生）」（「生」を墨で消し、左側に「生」と書くか）

第二八丁ウ第一行目第一字～第八字　墨により見えにくい部分は「遇疾臨終備見地獄」

第三〇丁オ第五行目第一六字・第一七字　「来。言（告）」

【中冊】

第六丁オ第七行目第二〇字　「澀（掌）」

第六丁オ第八行目第一字　「将（何況）」（「将」の右下側面から上に墨線を引き「何況」を墨書）

第六丁オ第八行目最終字　「モ（モ）」（「モ」の右に「モ」と傍書）

第六丁ウ第四行目第一二字～第一四字　「衣。寳珠」（「衣」と「寳」の間に挿入符が入り、「珠」の右側に転倒符）

第六丁ウ第八行目第一五字　「莱（恭ヵ）」（「莱」の右に「恭ヵ」と傍書）

第六丁七オ第三行目　「簽（〔コ〕カヘヲ）」（「簽」に傍書「カヘヲ（〔コカ〕）」を付す）

第一三丁ウ第七行目第一字　裏写りで文字ナシ。

【下冊】

第九丁オ第四行目第一字　「世（（別筆）「安」）」（「世」の左に抹消符を付し、右に別筆で「安」と書く）

第一二丁オ第八行目第一〇字　「佛」（「仏」を斜めの墨線を二本引き抹消する）

第一三丁ウ第七行目第七字　「觀」（「觀」の右に抹消符を付す）

第一四丁オ第八行目第一字　「斯」（「斯」に斜めに墨線を引き抹消する）

第一五丁オ第二行目第一二字　「状」（「状」の右に抹消符を付す）

第一五丁ウ第二行目第一二字　「勲」（「勲」の右に抹消符を付す）

第一八丁オ第三行目双行右の第五字～第六字　「希。自（奇）」

第二四丁ウ第七丁第四字　「充」（「充」に斜めに黒線を引き抹消する）

第二六丁オ第五行目第五字　「償」（「償」に斜めに黒線を引き抹消する）

第三〇丁オ第五行目・六行目第一六字～第一七字　漉きむらによる繊維（もともと字を書かず）

第三〇丁ウ第三行目・四行目第一六字～第一七字　漉きむらによる繊維（もともと字を書かず）

第三四丁オ第六行目　「二子光（兄）名曰（日）殊（止）第名月殊鏡随」

3　前田家への伝来

本書は、比叡山東塔北谷西松井房から高山寺にある時期に収蔵され、前田家に伝えられた。高山寺は京都栂尾にある寺院であり、建永元年（一二〇六）、後鳥羽上皇の院宣により明恵上人高弁が華厳宗の道場として再興した。前田家が何時、高山寺と接触したのかは、明確な記録はなく、不明である。しかし、前田家には同じく高山寺旧蔵の古鈔本として、『三宝感応要略録』の他に、『広清凉伝』巻上・中・下　三帖（永久五年［一一一七］二月十八日書写）、唐・唐臨撰『冥報記』上・中・下　一帖（長治二年［一一〇五］）、『華厳経』（高山寺尼経）（貞永元年［一二三二］三月十二日書写）が蔵されている（「解説　高山寺関係」石川県立美術館編・刊『―加賀文化の華―前田綱紀展　一九八八年）。このうち、『広清凉伝』三帖は各首冊に「高山寺」の朱印記を捺し、その包紙には、それが高山寺から出た古鈔本である由を記すが、その包紙と同様な包紙で『三宝感応要略録』が包まれているという（前掲『加賀百万石名宝図録』仙台市博物館　一九六五年）。そして、先に記したように、菊池紳一氏のご教示によれば、『三宝感応要略録』の包紙の上書2の「三宝感應録　　三册」は前田綱紀公の筆であるという。このような事から、『書札類稿』や『桑華書誌』には記載はないため明確な記事は不明だが、高山寺に収蔵されていた『三宝感応要略録』は前田綱紀の時に前田家にもたらされたことは確実であろう。

本解題の執筆及び原本調査にあたっては、前田育徳会尊経閣文庫の橋本義彦先生・菊池紳一先生のご教示と御配慮を得た。また、非濁の経歴に関する『日下舊聞』及び『房山石経』所収「一切佛菩薩名号集」序の釈読や『三宝感応要略録』序文や偈文の読み下しに関しては明治大学文学部の氣賀澤保規先生のご教示を得、更に香雪美術館所蔵の仏頂尊勝陀羅尼幢の調査・見学に際しては同館学芸員の仙海義之氏にご配慮いただいた。記して感謝申し上げる。

本稿は二〇〇八（平成二〇）年度科学研究費補助金（学術創成研究費）研究課題「目録学の構築と古典学の再生―天皇家・公家文庫の実態復原と伝統的知識体系の解明―」［課題番号　19GS0102］　研究代表者：田島公）の成果の一部である。

【参考文献】

影印・翻刻・訓読（発表年次順）

「三宝感応要略録三巻　非濁集」（前田慧雲編『大日本続蔵』第一輯第二編　乙　第二二套　第三冊　支那撰述　史伝部　蔵経書院　一九一二年）

「三宝感応要略録」（高楠順次郎監修『大正新脩大蔵経』第五一巻　史伝部三　大正一切経刊行会　一九二八年）

野上俊静訳「三宝感応要略録」（『国訳一切経』和漢撰述八一史伝部一三　大東出版社　一九六七年）

李銘敬「尊経閣文庫所蔵『三宝感応要略録』翻刻」（小林保治・李銘敬

『日本仏教説話集の源流』資料篇　勉誠出版　二〇〇七年）

小林保治「尊経閣文庫所蔵『三宝感応要略録』訓読」（小林保治・李銘敬『日本仏教説話集の源流』資料篇　勉誠出版　二〇〇七年）

大阪大学三宝感応要略録研究会a「金剛寺蔵『三宝感応要略録』影印　翻刻　校異」（後藤昭雄監修・大阪大学三宝感応要略録研究会編『金剛寺本『三宝感応要略録』の研究』　勉誠出版　二〇〇七年）

大阪大学三宝感応要略録研究会b「金剛寺蔵『三宝感応要略録』校訂本文訓読文」（後藤昭雄監修・大阪大学三宝感応要略録研究会編『金剛寺本『三宝感応要略録』の研究』　勉誠出版　二〇〇七年）

大阪大学三宝感応要略録研究会c「『三宝感応要略録』慶安三年版本　影印」（後藤昭雄監修・大阪大学三宝感応要略録研究会編『金剛寺本『三宝感応要略録』の研究』　勉誠出版　二〇〇七年）

著書・論文（五十音順）

荒木　浩「『今昔物語集』に於ける『三宝感応要略録』続貂」（後藤昭雄監修・大阪大学三宝感応要略録研究会編『金剛寺本『三宝感応要略録』の研究』　勉誠出版　二〇〇七年）

池上洵一「中世説話文学における『三宝感応要略録』の受容」（『神戸大学文学部』三十周年記念論集』　一九七九年、のち『池上洵一著作集』第一巻　今昔物語集の研究　和泉書院　二〇〇一年）

海野圭介「大阪大学三宝感応要略録研究会の歩み」（後藤昭雄監修・大阪大学三宝感応要略録研究会編『金剛寺本『三宝感応要略録』の研究』勉誠出版　二〇〇七年）

岡本保孝『今昔物語出典考』（況齋叢書九の内）安政七年（万延元年・一八六〇）

片寄正義「三宝感応要略録考」（『今昔物語集の研究』上　三省堂　一九四三年、のち新版：芸林舎　一九七四年）

久曽神昇「三宝感応録紙背文書」『平安時代仮名書状の研究』（風間書房一九六八年、のち増補改訂版　一九九二年）

国東文麿『今昔物語集成立考』早稲田大学出版部　一九六二年、増補版一九七八年）

後藤昭雄「金剛寺蔵〈佚名諸菩薩感応抄〉」（『説話文学研究』二八号　一九九三年）

後藤昭雄「『三宝感応要略録』金剛寺本をめぐって」（説話と説話文学の会編『説話論集』第一四集　清文堂　二〇〇四年、のち後藤昭雄監修・大阪大学三宝感応要略録研究会編『金剛寺本『三宝感応要略録』の研究』　勉誠出版　二〇〇七年、再録）

小林忠雄「三国伝記と三宝感応要略録―三国伝記出典考の一部として―」（『国語国文』一六巻五号　一九四七年）

小松茂美「三宝感応要録紙背仮名消息」（『平安　仮名消息』〔日本名跡叢刊一〇〇〕　二玄社　一九八六年）

小峯和明「前田家本『三宝感応要略録』と『今昔物語集』」（『説話文学研究』一四号　一九七九年、のち『今昔物語集の形成と構造』　笠間書院一九八五年〔補訂版一九九三年〕の「I　資料の周辺　第二章　震旦部の資料」と題する章の「二」に所収）

塚本善隆「日本に遺存せる遼文学とその影響―真福寺蔵戒珠集往生浄土伝と金沢文庫蔵漢家類聚往生伝に就いて―」(『東方学報』京都　第七冊　一九三六年)、同「日本に遺存せる遼文学とその影響補遺―南都に行はれた非濁の説話文学集並に偽戒珠往生伝―」(『東方学報』京都　第八冊　一九三七年)、のち「日本に遺存せる遼文学と其の影響　真福寺の戒珠集往生浄土伝と金沢文庫の漢家類聚往生伝に就いて」『日支仏教交渉史研究』弘文堂房　一九四四年、『塚本善隆著作集』第六巻　日中仏教交流史研究　大東出版社　一九七四年)。なお、参考文献として引用する場合の略称は、塚本一九四四で統一した。

野上俊静「『三宝感応要略録』解題」(『国訳一切経』和漢撰述八一　史伝部一三　大東出版社　一九六七年)

山崎　淳「『三宝感応要略録』類話・出典注記関連記事一覧」(後藤昭雄監修・大阪大学三宝感応要略録研究会編『金剛寺本『三宝感応要略録』の研究』　勉誠出版　二〇〇七年)

李銘敬「『三宝感応要略録』における説話の採録法と引用書目を論じて『今昔物語集』に及ぶ」(『国語国文』七二巻一一号　二〇〇三年、のち「第三章　『三宝感応要略録』自体の研究　第三節　作品の形成と表現」『日本仏教説話集の源流』研究篇　勉誠出版　二〇〇七年、所収)。

李銘敬「『今昔物語集』の説話配列方式と『三宝感応要略録』」(『国語と国文学』八一巻二号　二〇〇四年、のち「第四章『三宝感応要略録』と『今昔物語集』との比較研究　第四節　配列意識上の受容関係再考」『日本仏教説話集の源流』研究篇　勉誠出版　二〇〇七年、所収)。

李銘敬「日本における『三宝感応要略録』の受容について」(『中国古典研究』五〇号　二〇〇五年、のち「第一章『三宝感応要略録』受容史概説　第二節　受容史概略」『日本仏教説話集の源流』研究篇　勉誠出版　二〇〇七年、所収)。

李銘敬a「第一章『三宝感応要略録』研究略史とその問題点」・b「第二章『三宝感応要略録』受容史概説」・c「第三章『三宝感応要略録』自体の研究」・d「第四章『三宝感応要略録』と『今昔物語集』との比較研究」・e「終章　本稿のまとめと展望」(『日本仏教説話集の源流』研究篇　勉誠出版　二〇〇七年)

『三宝感応要略録』出典一覧

【上巻】

上1　阿含（増一阿含経）、観仏（観仏三昧経）、造像（大乗造像功徳経）、遊歴記（優填王所造栴檀釈迦瑞像歴記カ）、律（四分律刪繁補闕行事鈔カ）、西国伝
上2　毘奈耶律文（根本説一切有部毘奈耶）
上3　南齊王琰冥祥記（南齊王琰撰冥祥記）
上4　南齊王琰冥祥記（南齊王琰撰冥祥記）
上5　伝（続高僧伝）
上6　冥報記
上7　新録
上8　西域記（大唐西域記）
上9　幽人記
上10　常慜遊歴記
上11　感通録（集神州三宝感通録）、西域伝
上12　唐高僧伝（続高僧伝）
上13　瑞応伝（往生西方浄土瑞応伝）
上14　并洲記
上15　并洲記
上16　梁高僧伝（高僧伝）、林珠（法苑林珠）
上17　外国記
上18　外国記
上19　外国賢聖記
上20　浄土論
上21　隨記（隋記イ）
上22　三宝記
上23　三宝記
上24　冥志記
上25　尚統法師伝
上26　霊応記
上27　薬師験記
上28　霊応記
上29　常慜遊天竺記
上30　秘蜜記
上31　寺記
上32　古録
上33　古録
上34　金剛智伝
上35　新録
上36　新録
上37　漢法内伝
上38　呉録、宣験記
上39　幽明録
上40　宣験記
上41　晋塔寺記、宣験記
上42　賢愚経
上43　天請問記、光愍菩薩経（光愍菩薩問如来出世当用〔何〕時普告経）
上44　西域雑記
上45　西域雑記
上46　賢聖集伝
上47　西域記（大唐西域記）
上48　貧児延寿経
上49　雑宝蔵（雑宝蔵経）
上50　譬喩経

【中巻】

中1　経伝（華厳経伝記）、遊記
中2　伝（華厳経伝記）
中3　経伝（華厳経伝記）
中4　新録
中5　経伝（華厳経伝記）
中6　経伝別記（華厳経伝記）
中7　別録
中8　僧護経（因縁僧護経）
中9　新録
中10　外国記
中11　外国記
中12　西域伝（大唐西域記カ）
中13　西域弘法記
中14　西域弘法記
中15　集法悦捨苦陀羅尼経（陀羅尼雑集）
中16　新録
中17　唐高僧伝（続高僧伝）
中18　伝（続高僧伝）、瑞応伝（往生西方浄土瑞応伝）
中19　梁高僧伝（高僧伝）
中20　新録
中21　伝（高僧伝）
中22　伝（高僧伝）
中23　三宝記
中24　瑞応伝（往生西方浄土瑞応伝）
中25　瑞応伝（往生西方浄土瑞応

伝）
中26 新録
中27 開元録（開元釈教録）、摩騰伝（高僧伝巻一摂摩騰伝）
中28 西国伝
中29 滅罪伝
中30 皇后伝（則天皇后伝）
中31 金剛般若記（金剛般若集験記）
中32 三宝記
中33 記載無し
中34 経序
中35 経上巻（普遍光明清浄熾盛如意印心無能勝大明王随求陀羅尼経）
中36 経序（仏頂尊勝陀羅尼経序）、目録（開元釈教録）
中37 経疏序（寿命経）
中38 経明験讃記
中39 経明験讃記
中40 記載無し
中41 慈恩伝（大唐慈恩寺三蔵法師伝）
中42 翻経雑記
中43 伝、新録
中44 求法記
中45 求法記
中46 新録
中47 并州往生記
中48 新録
中49 求法記
中50 外国記
中51 法苑珠林
中52 西国伝
中53 新録
中54 冥報記（冥祥記カ）
中55 伝（高僧伝）
中56 経験記（金剛般若集験記）
中57 経験記（金剛般若集験記）
中58 新録
中59 唐記
中60 新録
中61 経序（出三蔵記集）、齊記
中62 齊記
中63 梁高僧伝（続高僧伝カ）
中64 経伝（法華伝記）
中65 経伝（法華伝記）
中66 経伝（法華伝記）
中67 伝（出三蔵記集）、目録
中68 伝記（高僧伝）
中69 新録
中70 新録
中71 西域求法伝
中72 経録、法苑珠林

【下巻】
下1 清涼伝（広清涼伝）
下2 清涼伝（広清涼伝）
下3 感通記（集神州三宝感通録）、珠林（法苑珠林）
下4 別伝
下5 別伝
下6 新録
下7 冥祥記、冥感伝
下8 求法記
下9 感通伝
下10 唐僧伝（高僧伝カ）
下11 外国記
下12 僧伝
下13 新録
下14 新録
下15 西域記（大唐西域記）
下16 西域記（大唐西域記）、慈恩伝（大唐慈恩寺三蔵法師伝）
下17 慈恩伝（大唐慈恩寺三蔵法師伝）
下18 西域記（大唐西域記）
下19 釈智猛伝
下20 冥祥記
下21 唐僧伝（続高僧伝）、本記感伝
下22 新録
下23 西国伝
下24 千臂経（千眼千臂観世音菩薩陀羅尼神呪経）
下25 千臂経（千眼千臂観世音菩薩陀羅尼神呪経）
下26 外国経
下27 西域記
下28 新録
下29 司命志
下30 別伝
下31 記載無し
下32 本願経（地蔵菩薩本願経）
下33 珠林記
下34 新録

下35地蔵大道心駆策法（塞土圕大
道心駆策法）
下36新録
下37新録
下38新録
下39新録
下40本事因縁論
下41浄土伝
下42新録

（野上一九六七、山崎二〇〇七、
荒木二〇〇七等によって、括弧
内の正式出典名称を補った）

『三宝感応要略録』出典索引

尊経閣善本影印集成 43
三宝感応要略録

発行　平成二十年六月三十日
定価　二七、三〇〇円
（本体二六、〇〇〇円＋税五％）
編集　財団法人　前田育徳会尊経閣文庫
東京都目黒区駒場四－三－五五
発行所　株式会社　八木書店
代表　八木壮一
東京都千代田区神田小川町三－八
電話　〇三－三二九一－二九六一〔営業〕
－二九六九〔編集〕
FAX　〇三－三二九一－六三〇〇
製版・印刷　天理時報社
用紙（特漉中性紙）　三菱製紙
製本　博勝堂

ISBN978-4-8406-2343-8　第六輯　第４回配本

Web http://www.books-yagi.co.jp/pub
E-mail pub@books-yagi.co.jp